庄子自然观

赵沛霖 ● 著

深圳出版发行集团
海天出版社

图书在版编目（CIP）数据

庄子自然观 / 赵沛霖著. -- 深圳 : 海天出版社,
2012.1

（自然国学丛书）

ISBN 978-7-5507-0299-8

Ⅰ．①庄… Ⅱ．①赵… Ⅲ．①庄周（前369～前286）
－自然哲学－哲学思想－研究 Ⅳ．①B223.55

中国版本图书馆CIP数据核字(2011)第224865号

庄子自然观
Zhuangzi Ziranguan

出 品 人　尹昌龙
出版策划　毛世屏
丛书主编　孙关龙　宋正海　刘长林
责任编辑　徐　力
责任技编　蔡梅琴
封面设计　同舟设计/李杨

出版发行　海天出版社
地　　址　深圳市彩田南路海天综合大厦7-8层（518033）
网　　址　http：//www.htph.com.cn
订购电话　0755-83460137（批发）　83460397（邮购）
设计制作　深圳市线艺形象设计有限公司　Tel：0755-83460339
印　　刷　深圳市华信图文印务有限公司
开　　本　787mm×1092mm　1/16
印　　张　9.5
字　　数　132千字
版　　次　2012年1月第1版
印　　次　2012年1月第1次
印　　数　3000册
定　　价　25.00元

总　序

　　21世纪初，国内外出现了新一轮传统文化热。广大百姓以从未有过的热情对待中国传统文化，出现了前所未有的国学热。世界各国也以从未有过的热情，学习和研究中国传统文化，联合国设立孔子奖，各国雨后春笋般地设立孔子学院或大学中文系。很显然，人们开始用新的眼光重新审视中国传统文化，认识到中国传统文化是中华民族之根，是中华民族振兴、腾飞的基础。面对近几百年以来没有过的文化热，要求加强对传统文化的研究，并从新的高度挖掘和认识中国传统文化。我们这套《自然国学丛书》就是在这样的背景下应运而生的。

　　自然国学是我们在国家社会科学基金项目"中国传统文化在当代科技前沿探索中如何发挥重要作用的理论研究"中，提出的新研究方向。在我们组织的、坚持20余年约1000次的"天地生人学术讲座"中，有大量涉及这一课题的报告和讨论。自然国学是指国学中的科学技术及其自然观、科学观、技术观，是国学的重要组成部分。长久以来由于缺乏系统研究，以致社会上不知道国学中有自然国学这一回事；不少学者甚至提出"中国古代没有科学"的论断，认为中国人自古以来缺乏创新精神。然而，事实完全不是这样的：中国古代不但有科学，而且曾经长时期地居于世界前列，至少有甲骨文记载的商周以来至17世纪上半叶的中国古代科学技术一直居于世界前列；在公元3～15世纪，中国科学技术则是独步世界，占据世界领先地位达千余年；中国古人富有创新精神，据统计，公元前6世纪至公元1500年的2000多年中，中国的技术、工艺发明成果约占全世界的54%；现存的古代科学技术知识文献数量，也超过世界任何一个国家。因此，自然国学研究应是21世纪中国传统文化一个重要的新的研究方向。它的深入研究，不仅能从新的角度、新的高度认识和弘扬中国传统文化，使中国传统文化获得新的生命力，而且能从新的角度、新的高度认识和弘扬中国传统科学技术，有助于当前的科技创新，有助于走富有中国特色的科学技术现代化之路。

本套丛书是中国第一套自然国学研究丛书。其任务是：开辟自然国学研究方向；以全新角度挖掘和弘扬中国传统文化，使中国传统文化获得新的生命力；以全新角度介绍和挖掘中国古代科学技术知识，为当代科技创新和科学技术现代化提供一系列新的思维、新的"基因"。它是"一套普及型的学术研究专著"，要求"把物化在中国传统科技中的中国传统文化挖掘出来，把散落在中国传统文化中的中国传统科技整理出来"。这套丛书的特点：一是"新"，即"观念新、角度新、内容新"，要求每本书有所创新，能成一家之言。二是学术性与普及性相结合，既强调每本书"是各位专家长期学术研究的成果"，学术上要富有个性，又强调语言上要简明、生动，使普通读者爱读。三是"科技味"与"文化味"相结合，强调"紧紧围绕中国传统科技与中国传统文化交互相融"这个纲要进行写作，要求科技器物类选题着重从中国传统文化的角度进行解读，观念理论类选题注重从中国传统科技的角度进行释解。

由于是第一套自然国学丛书，加上我们学识不够，本套丛书肯定会存在这样或那样的不足，乃至出现这样或那样的差错。我们衷心地希望能听到批评、指教之声，形成争鸣、研讨之风。

《自然国学丛书》主编

2011. 10

目 录

总序……………………………………………………… i

前言……………………………………………………… (1)

庄子生平………………………………………………… (9)

第一章 庄子的空间观念 ……………………………… 1

　　（一）关于抽象空间观念 …………………………… 4

　　（二）宇宙空间的无限性 …………………………… 8

第二章 庄子的时间观念 ……………………………… 13

　　（一） 时间的三维特征和直线流逝 ………………… 15

　　（二） 时间无始无终 ………………………………… 19

第三章 宇宙空间的构成和庄子宇宙论的内在矛盾 ……… 23

　　（一） 宇宙的结构：六合之内与六合之外 ………… 25

　　（二） 庄子宇宙论的内在矛盾 ……………………… 28

第四章 庄子宇宙论的历史进步性 …………………… 33

　　（一） 庄子宇宙论的历史进步性 …………………… 35

　　（二） 如何看待庄子宇宙论的历史局限性 ………… 39

第五章 关于自然的定义和指称 ……………………… 43

　　（一） 以"万物"定义自然 ………………………… 46

　　（二） 以"天"定义自然 …………………………… 49

第六章　对自然的认识 ················· 55
（一）　自然存在的丰富性与多样性 ·········· 57
（二）　自然万物的统一性和运动状态 ········· 60
（三）　自然的蓬勃生机和强大生命力 ········· 63
（四）　人是自然之子 ··············· 66
（五）　按自然的本来面貌记述自然 ········· 71

第七章　对自然的态度 ················· 75
（一）　赞美和崇尚自然精神 ··········· 77
（二）　与自然为一，融入自然 ·········· 81
（三）　认识事物特点，把握自然规律 ········· 85

第八章　对生死的认识和态度 ············· 93
（一）　对个体生命的珍重 ············ 96
（二）　生死是自然的变化过程 ·········· 99
（三）　对死亡的态度 ·············· 102
（四）　自然规律与命运必然性的纠缠 ········· 104

第九章　自然资源的价值与生态智慧 ········· 109
（一）　肯定自然价值的思想前提 ········· 111
（二）　自然为人类生存和发展付出了沉重代价 ······· 115
（三）　如何利用"有用之用" ·········· 118
（四）　如何利用"无用之用" ·········· 121

小结：庄子自然观的现代启示 ············· 125

参考文献 ······················· 133

总跋 ························· 135

前　言

　　以人生哲学为重点的庄子哲学，其思考和探索的范围远远超出了与人生密切相关的现实生活领域，诸如社会政治、经济活动、伦理道德、是非标准、生命价值等等，而广泛涉及自然哲学问题，如对自然和宇宙本体的思考和探索等等。对于世界的这种"终极关怀"极大地拓展了庄子哲学思想的深度和广度，并使他当之无愧地可以与古代世界哲学家并驾齐驱。

　　自然在庄子的哲学中占有特殊重要的地位，这是因为庄子所属的道家，其哲学是以"自然为核心"的[①]，他对于很多问题的思考都涉及这个核心，他的自然观因而也被赋予了丰富的思想内涵。所以，思想深刻、内涵丰富的宇宙论和自然观二者兼备，正是庄子哲学有别于诸子的重要特征之一。本书就是从自然哲学的角度对庄子哲学的这两个组成部分所做的简要梳理和评介。

　　自然有广义和狭义之分。狭义的自然又称大自然或自然界，是指与人类社会相对立的广大物质世界。我们平时所说的自然多是指狭义的自然，所谓"自然是人类的家园"也是就其狭义而言。广义的自然与宇宙同义。自然观是对大自然的总的认识，诸如自然的本质特征、发展变化

[①] 董光璧《中国自然哲学大略》，吴国盛主编《自然哲学》第一辑，中国社会科学出版社，1994年，第255页。

规律、人在自然中的地位及其与自然的关系等等。宇宙是对时空和万物的总称，宇宙论则是关于宇宙整体的思想和学说，诸如时间有无开始、空间有无止境、宇宙的起源和结构等等。十分明显，一个哲学家的宇宙论和自然观之间既有联系又有区别，它们不仅是其哲学体系的有机组成部分，而且也是其全部哲学学说的基础，因此，无论是在宇宙论与自然观之间，还是在它们与其哲学体系之间，都具有内在逻辑关系的统一性。这样看来，从认识庄子的宇宙论开始，也许有助于对其自然观的把握。

人类对于宇宙自然的探索从神话时代即已开始，并为此倾注了极大的热情。不过，那时的探索还是神话式的，只能以神奇的想象即神话思维解释与人们生存斗争密切相关的各种自然现象，尽管其中也包含着某些科学因素，但从整体上还根本谈不上科学的认识。从对自然的这种神话式的理解到开始进行科学探索，人类走过了漫长的道路。

春秋战国时代是我国社会历史发生天翻地覆变化的时代，在思想领域中存在着两种相互对立的思想观念：一是新兴的实践理性精神即理性主义，这是贯穿这个时代的"总思潮、总倾向"[①]；一是传统的宗教巫术观念和神话思维，这是从夏商周流传下来并保持强大影响力的传统思想观念。新旧两种思想观念的激烈冲突，促进了人们思想的解放。突破传统观念的束缚，面向实际和现实生活，已经成为诸子百家总的倾向；由蒙昧、荒谬走向理性主义已经成为时代思想发展不可阻挡的潮流，并表现在包括哲学思想和宇宙论在内的各个领域，成为时代性的思想主题。生活在这个时代的庄子尽管标榜乘物游心、逍遥于世，但其思想不可能完全游离于时代的影响之外，他的宇宙论和自然观所具有的深刻的内在矛盾，归根结底都是时代思想矛盾的反映。

由于社会生产力和科学技术发展水平的限制，古代对于自然的认识

---

① 李泽厚《美的历程》，文物出版社，1981年，第49页。

多从感性出发，并惯于从整体上对自然做思辨式的说明，而不能进行具体的科学论证；同时，对于自然的态度单纯而率直，所以古代的宇宙论和自然观往往体现着人类童年的气质，具有直观和朴素的特征。这些可以说是古代宇宙论和自然观的共性，庄子的宇宙论和自然观当然也不例外。除了共性之外，庄子作为一个思想敏感、认识深刻、观念宏放，并对宇宙自然充满了探索兴趣的哲学家，他的宇宙论和自然观又有其鲜明的特征。大致说来，这些特征有以下几个方面：

1. 内涵的丰富性

庄子的自然观不但涉及自然的方方面面，而且很多方面都有其丰富的内涵：从对自然的指称和定义到关于自然的基本观念；在对自然的认识方面，从自然形态的多样性到自然万物的统一性，从自然的生机活力到自然的生命本质；在对自然的态度方面，从对自然和自然精神的赞美到与自然为一，融于自然，乃至对于生死的态度；在人与自然的关系方面，从人是自然之子到自然为人类的生存所付出的沉重代价，从人在自然中的地位到人类所面临的基本生存矛盾；在如何摆脱生存困境和解决人类所面临的基本生存矛盾方面，从对于自然资源价值的分类到"有用之用"和"无用之用"的提出，从如何合理地利用自然到寻找人类生存和发展与自然物尽天年之间的平衡点……可以看出，庄子自然观内涵的丰富和广泛在我国古代的哲学家之中是十分罕见的。

2. 思想的深刻性

庄子自然观的深刻性主要表现在以下两个方面：第一，庄子善于透过纷繁的自然现象抓住问题的本质。例如，庄子以人是自然之子揭示了人与自然的关系，把充满生机与活力的生生不息特征概括为自然的本质和内在精神，皆可谓目光如炬、直射内里的一针见血之论。第二，不但列出现象，揭示本质，而且分析其原因。例如，自然之所以具有充满蓬勃生机与

活力的生生不息特征，根本原因在于"阴阳化生"使自然具有无限的"生成"和"创生"能力。

3. 观点的超前性

正是对自然的深刻认识这一基础，决定了庄子自然观的超前性特征：所谓超前性是指思想和预见超越时代。例如，直到20世纪中期以后，面对日益严重的环境问题和生态危机，人类在世界范围内才逐渐认识到人类文明的发展无不是以牺牲环境为代价的这一真理，但在两千多年前，庄子就通过自然物因为对人"有用"，也就是有价值，而中道夭折，不能尽天年的事实，认识到人类生存与环境之间的矛盾，这个矛盾是人类不可回避的基本生存矛盾。庄子的这一观点，与现代关于人的生存与环境之间的矛盾的认识是完全一致的。不止如此，庄子还忧心忡忡地把人类为了自己的生存而使自然物中道夭折，不能尽天年的事实，称之为"材之患"，与现代人关于环境的忧患意识可谓不谋而合。

4. 高超的生态智慧

庄子不但揭示了人类所面临的基本生存矛盾，而且提出了解决这一矛盾的方法和主张。如在"有用之用"中，主张尽量利用对环境没有影响和破坏作用的自然资源和能源，而对环境有影响和破坏作用的自然资源和能源，则应有节制地加以利用。庄子认为这样就可以在人类生存、发展与自然物得以尽天年之间找到一个平衡点。其实，我们当前正在进行的生态文明建设所要解决的关键问题，归根结底就是要在人类发展与生态环境之间找到这样一个平衡点。由此不难看出，庄子自然观中蕴含着可供当代人借鉴的高超生态智慧。

5. 深刻的内在矛盾

由于时代精神的影响和制约，庄子的思想贯穿着理性精神和宗教巫术观念的激烈冲突，他的宇宙论和自然观因而充满了内在矛盾：一方面在宇宙论中，庄子关于宇宙空间至大无外的无限性、时间无始无终的永恒性等等论述，符合宇宙的本来面貌，反映了当时科学发展和认识所达到的新的水平，体现了理性主义和科学精神的进步一面；另一方面，在对宇宙空间构成的认识中，庄子又将宇宙分为六合之内与六合之外两个不同的宇宙空间，并将它们作为人寰与神界的分野，说明在一些领域，他的思想还被传统宗教巫术观念束缚着，表现出其思想蒙昧和荒谬的一面。

在自然观中，庄子分别以"万物"和"天"定义自然，就体现了两种相互对立的思想。如果说"万物"体现了着眼于自然实体物质性的唯物主义思想，那么"天"则体现了以传统宗教观念为主的唯心主义思想；相应地，庄子一方面肯定自然万物的物质性特征，一方面又认为自然万物统一于"道"，从而陷入了尖锐的思想矛盾中。又如，庄子一方面肯定人由生至死，最后回归自然是生命过程和自然变化的必然结果，有力地批判了宗教的荒谬，消解了死亡的神秘和对死亡的恐惧，这当然有助于科学精神的发展，但另一方面他又将人的生死与命运的必然性纠缠在一起。再如对于自然的态度，一方面，庄子极力赞美自然，崇尚自然精神，不仅反映了作为自然之子，人类对于自然母亲与生俱来的依恋和热爱，而且也反映出庄子为了实现心灵自由和精神超越所做的巨大努力；另一方面，也反映出庄子不敢正视现实，回避矛盾，为保全个人而寻找避风港的消极态度。

上述庄子宇宙论和自然观的内在矛盾和思想上的复杂性，归根到底是特定历史阶段所赋予它的鲜明的时代特征。

庄子的思想尽管存在着深刻的思想矛盾和种种历史局限性[①]，但他的自然观的积极方面，特别是他对人在自然中地位的认识以及为了使人类摆脱生存困境，解决人类生存的基本矛盾所表现出来的深刻见解和生态智慧，依然给我们以深刻的思想启示。现在，历史已经跨入了把生态文明建

---

① 详见各章思想局限性部分。

设作为奋斗目标的新时代，庄子的自然观作为全人类共同的宝贵财产，更加显得珍贵。我们应当使它在生态文明建设中不断焕发出青春与活力，使古老的中华文明不断发扬光大。

应当特别指出的是，本书所说的庄子的宇宙论和自然观及其所涉及的诸多自然科学问题，从现代科学的分类上看，大多数主要是属于自然科学范畴（其中不少属于综合性科学），但在庄子的著作中，这些问题却都不是从自然科学的视角，而是从他的哲学，特别是人生哲学的视角出发进行论述的。事实上，庄子著作中所涉及的诸多自然现象和有关的科学问题，都不过是其哲学特别是人生哲学论证中的具体事例而已；就是说，自然现象和有关的科学知识与其哲学思想以及有关的政治、历史、宗教思想等等，在庄子的著作中是彼此交混在一起的。而这恰恰是古代科学的基本特点：在分工明确、相对独立的自然科学产生之前，古代所有关于大自然的知识都是在哲学体系的框架内形成和发展起来的。所以古代内容丰富、思想深刻的哲学著作往往都是百科全书式的著作。

西方也是这样，不只古希腊和古罗马的哲学著作是如此，甚至在近代自然科学诞生之初还是如此：自然科学仍被视为自然哲学的一部分。自然科学的创始人伽利略、牛顿等人就都坚持自然科学与哲学的亲缘关系，并将这一观点诉诸他们的科学著作，以致使其"充满了哲理"。[①]

这样看来，庄子的哲学著作包含有大量的自然科学知识是十分正常的事情。所以，这些散落于哲学原野中闪闪发光的"黄金"碎块，虽然零零星星，互不关联，不成系统，但作为古代的宝贵科学资料，反映着潜在的科学思想，非常值得我们珍惜。

特别应当指出的是，庄子著作中往往存在着这样的情况：所阐明的哲学观点虽然荒谬，但所举的事例从自然科学和综合性科学的角度看，却包含着真理，具有很高的价值。例如庄子以桂、漆、楸、柏、桑等树因为

---

① 赵敦华《西方哲学简史》，北京大学出版社，2000年，第269页。

"有用"而多中道夭折，不能尽天年，而栎树因为"无用"倒免遭斧斤之害而得以"终其天年"的事实，本来是要说明人生处世应当远离功名利禄，使自己变得"无用"才能保全自己，但这一事例恰恰在客观上揭示了人类文明的发展无不以牺牲环境为代价，凸显了人类生存必然面对的基本生存矛盾这一真理。客观效果与主观意图的如此背离当然是庄子所想不到的。我们在论述庄子的宇宙论和自然观时所举的很多例证，大多是这样。在古代自然观研究中，对待庄子这样思想复杂的哲学家，应当特别注意资料本身的价值，即资料本身所蕴含的真理因素，至于其主观意图则应当另作研究。

最后，对本书所用资料的问题略作说明：

《庄子》一书包括三部分：《内篇》（收7篇文章）、《外篇》（收15篇文章）和《杂篇》（收11篇文章）。关于这三部分的作者和写作时间，一般认为内篇为庄子本人所作，大约写于战国中期；外篇和杂篇为庄子后学所作，大约完成于战国末年以前。①庄学的研究对象，也就是庄学研究的资料来源主要就是《内篇》、《外篇》和《杂篇》这三部分。近年来，一般的庄学研究，无论是研究庄子还是研究庄学学派（包括庄子及其后学，下同），都把《内篇》、《外篇》和《杂篇》这三部分作为研究对象，其资料来源也遍及这三部分。

本书认为，如果是研究庄学学派，当然要把庄子及其后学的著作统统作为研究对象，其资料采用范围当然包括《内篇》、《外篇》和《杂篇》三部分；如果是研究庄子，就应当以庄子本人的作品为研究对象，其资料采用范围应当限制在《内篇》，而不应当包括《外篇》和《杂篇》。研究庄子，但资料采用范围又不限于《内篇》，而把《外篇》和《杂篇》也包括在内，这样的做法，如同研究孔子，而把包括子思（前483～前402年）和孟子（约前372～前289年）在内的孔子后学的著作都作为研究的对象一样，显然是不恰当的。②

---

① 参阅刘笑敢《庄子哲学及其演变》，中国社会科学出版社，1987年，第3～57页。
② 如果经过充分论证，证明《外篇》和《杂篇》也是庄子本人所作，这样做当然是可以的。

根据这样的认识，本书的研究对象，也就是资料采用范围仅仅限于《内篇》，而不包括《外篇》和《杂篇》，就是说，本书的全部观点和结论，仅仅是以《内篇》所提供的资料为根据。

除此之外，本书这样处理资料还有一个重要原因：在《内篇》与《外篇》、《杂篇》之间，也就是庄子与其后学之间，思想观点和思维方式上虽然有很多一致之处，但也存在着重要的差别。"由于庄子学派逍遥无拘、汪洋恣肆的思想和文学特点，庄子后学极可能对《庄子》内容不加拘束地自由发挥……其中有些或许比较贴近庄子原意，有些则可能偏离较多……"[①]例如《内篇》对于"无待"境界和至人、神人、真人得道状况的具体描述常常是神话思维与理性思维并用，理性特征与神秘性特征同时呈现，而这正是原始宗教巫术观念和神话思维尚未蝉蜕尽净的反映；《外篇》和《杂篇》则不同，它们都以理性思维和现实内容为主。这说明，庄子的后学在思想观念上更多地接受了实践理性精神，宗教巫术观念相应地趋于淡化。就是说，从《内篇》到《外篇》和《杂篇》，也就是从庄子到庄子的后学，其思想观念的发展大致呈现出这样一种趋势：神话思维及其所体现的宗教神秘性特征在逐渐减弱，直至消失，而理性思维及其所体现的实践理性精神则越来越强，直至基本上取代前者而成为其主导意识。[②]又如，在政治观点方面，《外篇》、《杂篇》与《内篇》也有重要不同，这"可能是庄子后学为适应社会形势的改变而对庄子思想所作出的调整"。[③]这样看来，如果把《外篇》和《杂篇》也划归为庄子的作品作为立论的根据，实际上是把彼此有所不同的思想观念和思维方式人为地混杂在一起，其结果必然是模糊了庄子的本来面貌，造成认识的混乱。

---

① 方勇《庄子学史》，人民出版社，2008年，第1册，第5页。
② 关于庄子与其后学在思想观念方面的不同，另有专文详述。另外，庄学学者崔大华对这个问题也有论述，见其所著《庄学研究》，人民出版社，1992年，第86、171页。
③ 方勇《庄子学史》，第1册第17页。

庄子生平

庄子（约前369～前286年），战国中期哲学家，道家学派主要代表人物之一。名周，宋国蒙（今河南省商丘市东北）人，曾任漆园吏。漆园吏是管理漆园的小官，俸禄很低。不久即归隐，依靠编织草鞋一类的体力劳动糊口，常陷于饥寒交迫之中，以至晋见魏王时穿的也是补了又补的衣服。家中断炊，不得已曾向监河侯（管理河道的小官）借粮。

庄子虽然贫穷，但不慕富贵，鄙弃官场；志向高洁，又深谙人情世故。楚威王听说他有才干，便以重金相聘，请他出任国相。面对贵重的聘礼，庄子对两名使者说："千金，重利；卿相，尊位也。子独不见郊祭之牺牛乎？养食之数岁，衣以文绣，以入大庙。当是之时，虽欲为孤豚，岂可得乎？子亟去，无污我。我宁游戏污渎之中自快，无为有国者所羁，终身不仕，以快吾志焉。"[①]

庄子注重精神追求和哲学思考，并从事讲学和著述。从学者人数虽比不上孔子，但也不是很少。此外，庄子还有一些学友，其中最为有名的是惠施，他们经常在一起探讨学问和辩论，有些辩论的精彩片段在庄子的文章中还留有记录。

---

① 司马迁《史记·老子韩非列传》，中华书局，1959年，第7册第2145页。这段话的大意是：千金，固然是重利；卿相，固然是尊位。你难道没见过郊祭时所用的牛吗？用饲料喂养了好几年，（吃喝不愁，真是舒服得很，）可是，一旦披上绣花的织物，送进太庙被宰杀做祭品时，即使再想作一头小猪，还有可能吗？你还是快走开吧，不要用什么重金、官位污辱我了。我宁肯在污水沟里游戏以自快，也不愿被当权者所束缚；我终身不出仕为官，为的就是适意快乐呀！

　　庄子的著述主要收入《庄子》一书中。《庄子》包括三部分：《内篇》、《外篇》和《杂篇》，三部分共有33篇文章。关于这三部分的作者和写作时间，一般认为《内篇》为庄子本人所作，大约写于战国中期；《外篇》和《杂篇》为庄子后学所作，大约完成于战国末年以前。《内篇》与《外篇》、《杂篇》观点基本一致，并有思想上的承继关系，但也存在着重要的差别。

第一章
庄子的空间观念

　　置身浩瀚的宇宙，面对无限的时空，常常引起人的神奇遐想，因此，宇宙的性质和构成自古以来就成为哲学思考的对象，并成为哲学史上的重要问题。在著名的自然科学唯物主义代表人物恩斯特·海克尔(Ernst Haeckel，1834～1919年)所列的宇宙之谜中，"最大、最全面和最困难的乃是世界的起源和发展之谜，亦即通常简称的'创世'问题"①，这是因为"描述和分析空间和时间在人类经验中所呈现的特殊品性，对于一个人类学哲学来说乃是最有吸引力和最重要的任务之一"②。正是因为如此，古今每一位哲学家的宇宙论也就格外引人注目。

　　宇宙论通过对宇宙的完整描述揭示其本来面貌和性质、特征，不仅直接促进了对于宇宙的认识，而且由于广泛涉及诸多科学技术问题而有力地促进了它们的发展和进步。除此之外，宇宙论还有更为广泛的文化知识意义，这是因为时空观念的发展"不仅为人开辟了通向一个新的知识领域的道路，而且开辟了人的文化生活的一个全新方向"③，这对于人类文化的发展和进步当然是十分重要的。

　　宇宙包括具有内在联系的空间和时间两个方面。人类把握它们所形成的直接结果即空间观念和时间观念，是人类在创造性活动中不断实践和艰难思维的结果，因而也是人类文化发展的重大的历史性成就。这个过程从人类诞生之日起即已开始并延续至今乃至未来；这就是说，人类的空间观念和时间观念随着人类历史的前进而始终处于发展过程中，自古至今各个时期的有关哲学正是对于它们的阶段性的总结。庄子的宇宙

① 恩斯特·海克尔《宇宙之谜》，上海外国自然科学哲学著作编译组译，上海人民出版社，1974年，第218页。
② 恩斯特·卡西尔(Ernst Cassirer，1874～1945)《人论》，甘阳译，上海译文出版社，1985年，第54页。
③ 同上书，第56页。

论关于空间、时间的论述正是这个历史过程的组成部分。

（一） 关于抽象空间观念

人类空间观念的发展主要经历了具体空间和抽象空间两个阶段。相对于具体空间被称为行动空间，我们可以把抽象空间称为思维空间。庄子是中国哲学史上第一个较多地正式论述抽象的思维空间的哲学家。

所谓行动空间是指能够满足个体利益和行动需要的空间，因而也是实用领域的空间；这种空间总是与主体的感性世界密切结合着，而不需要对空间的任何抽象和理智化的描述。具体说来，行动空间可以分为视觉空间、听觉空间、触觉空间和嗅觉空间等等。显然，行动空间是盛行于原始时代的原始空间观念。所谓抽象的空间观念，是不限于个体行动需要，超越了感性世界的空间，因此是一种在物理上和心理上都根本没有对应之物，也就是扬弃了一切视觉的、听觉的、触觉的和嗅觉的参照物的纯粹空间。这种抽象的空间，是在漫长的岁月里，在不可数计的空间经验的基础上，把有关空间的具体表象，如在各种不同场合的视觉空间、听觉空间、触觉空间和嗅觉空间等等的感性特征逐渐舍去，并在此基础上通过概括和抽象而逐渐形成的。

在诸子百家中，庄子对空间的描述不但数量比较多，而且特点十分鲜明。请看以下三处关于空间的描述：

> 鹏之徙于南冥也，水击三千里，抟（tuán）扶摇而上者九万里，去以六月息者也。野马也，尘埃也，生物之以息相吹也。天之苍苍，其正色邪？其远而无所至极邪？其视下也，亦若是则已矣……绝云气，负青天，然后图南……（《逍遥游》）

至人神矣……若然者，乘云气，骑日月，而游乎四海之外。（《齐物论》）

……旁日月，挟宇宙，为其吻合，置其滑涽（hūn），以隶相尊。（《齐物论》）

大鹏南飞，激起浪花三千里，直冲云天九万里。

这三段话的大意分别是：

第一段：大鹏开始向南海飞翔的时候，巨大翅膀激起的浪花高达三千里，拍打着旋风直上云天九万里，然后，乘着六月的海风翱翔。那空中的云霭、尘埃以及被风吹动的种种生物如同野马般地在空中奔腾。天色苍苍，是它的本来的颜色吗？浩瀚寥廓的天空果真没有尽头吗？从高空向下看也是这样的苍苍茫茫啊……（大鹏就这样）穿过云气，背负蓝天，直奔南方……

第二段：至人神奇无比……像这样的人，乘飞云，骑日月，遨游于四海之外。

第三段：……（圣人）依傍日月，心怀宇宙，和宇宙万物融为一体，把一切是非纷乱置之度外，对一切尊卑贵贱一视同仁。

对于空间的类似描述还有很多，兹不一一列举。仅从以上几例不难看出，庄子感兴趣的不是个人生活的狭小范围，也不是与自然相对立的世俗社会，而是广漠无际的宇宙空间。这三段话中尽管对空间各有程度不等的形象具体的描写，但在观念上却远远地超越了与感性需要相结合的实用领域，而是放眼于海阔天空大视野的抽象空间。就是说，这里的富于感性特征的形象描绘仅仅是一种诗意的表现手段，其目的还是为了再现无限的抽象空间。（其实，庄子用文学语言反映有关宇宙的科学问题，既是他文学天才的流露，也是出于时代性的无奈：因为当时尚不存在可供选择的科学概念和语言。）

再看以下三段话：

> ……而况官天地，府万物，直寓六骸，象耳目，一知之所知，而心未尝死者乎！（《德充符》）

> 今一以天地为大炉，以造化为大冶，恶乎往而不可哉！（《大宗师》）

彼方且与造物者为人，而游乎天地之一气。（《大宗师》）

这三句话的大意分别是：

第一句：况且主宰天地，包举万物，以六骸为寄寓之所，以耳目所感为幻象，以万物齐一的观点看待智慧所知的一切，而内心从未想到过死的人呢！

第二句：现在果真把天地当做大熔炉，把造物者当做大铁匠，往哪里去不行呢！

第三句：他们正在与造物者为友，在天地万物混同一气中遨游。

与前面引用的三段话相比，这三句话尽管还是以文学语言反映科学问题，但其中感性的形象因素较少一些。其中无论是"官天地，府万物"，还是以天地为熔炉；也无论是以造物者为大冶、为友，还是遨游天地万物一气之间，同样也都无不说明庄子在阐释自己的哲学观点时往往抛开个人境遇和人间生活，而多将问题置于宏观的宇宙自然的大背景下，表现出心怀自然万物、放眼广阔空间的强烈的宇宙意识。正是这种意识极大地激发了他探索宇宙空间的兴趣，并在此基础上提出了很多卓异的见解，如以下各节将要论述的宇宙空间的无限性、宇宙的结构、六合之内、六合之外以及天的分层问题等等。只有建立了抽象空间观念才有可能对宇宙的性质和特征进行探索，进而才可能产生关于宇宙秩序的观念。这充分说明庄子的宇宙意识和关于抽象空间的论述极大地推进了我国古代对于宇宙的认识。

由于种种原因，庄子正式肯定和论述抽象空间的意义一直被严重忽略，仿佛那不是什么成就，根本不值一提。针对这种情况，让我们看一看现代著名哲学家恩斯特·卡西尔是如何评论古希腊哲学家肯定抽象空间的意义的，也许不无启发。他说：

存在着抽象空间这样的东西这一事实，乃是古希腊思想最早和最重要的发现之一。唯物主义和唯心主义都同样强调这个发现的重要性。[①]

把对抽象空间的肯定作为"最早和最重要的发现之一"，应当说，这个评价是很高的。不止如此，紧接着上面那句话之后，这位哲学家又说："但是，这两派的思想家们（指上面说的唯物主义和唯心主义两派哲学家——引者）都对说明这种抽象空间的逻辑特性感到极端困难。"[②]可见，抽象空间的问题是一个世界性的学术难题。参照这些评论，我们应当如何评价庄子关于抽象空间的论述呢？

（二）宇宙空间的无限性

庄子对于宇宙空间至大无极的特征，也就是宇宙空间的无限性具有明确的认识，他在多篇文章中都反复强调了这一点。大体说来，他对这一观点的表述主要有两种方式：

一种方式是用"无极"。

汤问棘曰："上下四方有极乎？"棘曰："无极之外，复无极也。"（《逍遥游》）

这句话的大意是说：商王汤向他的大臣棘问道："上下和东南西北

---

① 恩斯特·卡西尔《人论》，第56页。
② 同上。

四方有极限吗？"棘回答道："（上下四方是没有极限的。）没有极限的外面还是没有极限。"除此之外，上一节引用过的"天之苍苍，其正色邪？其远而无所至极邪"也是用"无极"之例。

另一种方式是用"无穷"。例如：

> 若夫乘天地之正，而驭六气之辨，以游无穷者，彼且恶乎待哉！（《逍遥游》）
>
> 体尽无穷，而游无朕，尽其所受乎天，而无见得，亦虚而已。（《应帝王》）

这两句话的人意分别是：

第一句：至于遵循天地之正道，因应六气之变化，而遨游于无边无际的空间，那还有什么需要凭借的呢！

第二句：深刻体悟无穷，才能游心于无限的空间①，保持从自然所秉受的一切，而不要另有其他追求，这样才是空明的心境。

可以看出，"无极"和"无穷"这两种表述方式，在说明宇宙空间的无限性特征方面是完全一致的。其中，在用"无极"说明宇宙空间的无限性时，先说"无所至极"还不够，又针对提问，特别指出"无极之外，复无极"，可以说把宇宙空间不可穷尽的特征表达得确切不移。同样，使用"无穷"说明宇宙空间的无限性也是如此。

以上情况说明，庄子关于宇宙空间无限性的观点十分明确。那么，他对于这一观点是否有所论证，如果有的话，他又是如何论证的呢？

为了认识庄子论证宇宙空间无限性的特点，让我们先来看一看西方古代哲学家对于这个问题是如何论证的。在这方面西方古代不少哲学家都做过论证，其中以古罗马哲学家和诗人卢克莱修(Lucretius Carus, 约前

---

① 无穷即无限的空间，为了避免与下面重复，"无穷"二字没有译出。

98～前53年)所做的论证最为有名："暂且让我们假设宇宙是有限的,又假设有一个人走到了宇宙的终端,向前掷出一根飞矛。你会认为那奋力投出去的矛会朝向目标飞向远方呢,还是会被什么东西挡住呢?你必须在这二者之中选择其一。但是,无论你选择哪一种,它都将关闭你的逃脱通道,而强迫你承认宇宙是无限伸展的。因为无论你是认为有某物阻止飞矛前进而达到目标,还是认为它能向前穿行,飞矛出手的地方都不能算宇宙的边际。我将一直跟着你,不管你在什么地方设置所谓的最终边界,我都将问你:飞矛怎样了?结果必然是不存在任何终界,并且向前飞行的可能性将一直继续下去。"[1]卢克莱修不是从理论上,而是从生活经验,也就是实践理性的角度对宇宙空间的无限性做了颇有说服力的论证。这种通过客观事实的论证具有感性直观的特点,不需要什么专业知识就完全可以理解。

对比卢克莱修的论证来看庄子。庄子对于宇宙空间的无限性特征,没有像卢克莱修那样做过专门的论证,但是,从他对有关问题的论述却可以看出他对这个问题的理解及其所蕴含的"论证"因素。

前面所引用的"若夫乘天地之正,而驭六气之辨,以游无穷者,彼且恶乎待哉"中的"恶乎待"可以帮助我们理解这个问题。

所谓"恶乎待"就是"无待",与之相反的则是"有所待"或"有待"。"有待"和"无待"是庄子哲学思想的两个重要概念,既可指人的精神境界和状态,也可指物的运行和人的行动的状态。[2]根据论述的需要,本文暂且不论其精神境界和状态方面,而只说物的运行和人的行动状态方面。从这个角度看,所谓"有待"是说物的运行和人的行动不能不有所凭借和依赖,也就是受客观条件的限制和束缚而不能随心所欲、任意而行。"无待"则恰好相反,是说对客观条件无所凭借和依赖,就

---

① 伊壁鸠鲁(Epikouros,前341～前270年)著、包利民等译《自然与快乐》一书中的卢克莱修部分《万物本性论》,中国社会科学出版社,2004年,第87页。
② 参阅赵沛霖《试论庄子"无待"的神话学意义及其局限性》,刊于《南开学报》1996年第2期,即赵沛霖《先秦神话思想史论》中的《"无待"的神话学意义》一节,学苑出版社,2006年。

人而言，也就是彻底摆脱了客观条件对主体的限制和束缚，可以随心所欲、任意而行。

搞清了"有待"和"无待"这两个概念的基本内涵之后，回过头来再来分析前边引用的"若夫乘天地之正，而驭六气之辨，以游无穷者，彼且恶乎待哉"这段话，最后两个短句透露了主体行动是否自由与客观条件之间的直接关系：对客观条件的凭借和依赖越多，主体的自由也就越少；反之，对客观条件的凭借和依赖越少，主体的自由也就越多。如果对客观条件没有丝毫的凭借和依赖，主体也就不受客观条件的任何限制和束缚，而达到了最大限度的自由，亦即绝对的自由。而这种境界和状态正是庄子所追求的"恶乎待"即"无待"的境界和状态。就这种状态与其所处的空间的关系来看，绝对自由就意味着没有任何限制和障碍，当然也就不可能是有限的空间，而只有无限的空间才能与之相适应。

庄子可能没有意识到，他在论述主体的"无待"状态中却涉及一个重要的哲学问题：宇宙空间的无限性。

综观卢克莱修和庄子对宇宙空间无限性的论述：如果说卢克莱修是从实践理性的角度通过客观的论证证明了宇宙空间的无限的话，那么，庄子则是从思辨哲学的角度通过自由与条件、意志与对象，也就是主体与客体的关系方面说明了宇宙空间的无限性。前者，即卢克莱修的论证由于以生活经验为基础，具有感性直观的特征，容易被理解，因而早已获得了广泛的认同；后者，即庄子的"论证"由于思辨哲学不可证明或不可完全证明的局限性，只能限制在纯粹抽象思维的范围内，而难于理解，因而未能获得认同，甚至没有得到应有的承认。

事实上，两种论证各有其长短和独特的价值，在宇宙空间探索的历史中应当各有其地位。

在现代宇宙学中，从物质不灭、运动不灭的角度论证时间和空间的无

限性，已经成为新的发展趋势①，这是一种更为深刻和科学的论证方式。至于古代的论证方式，无论是以生活经验为基础的客观论证，还是从思辨哲学出发的纯粹抽象思维的论证，除非特殊需要，一般不再被人们所运用，但是它们作为宇宙探索先行者的伟大足迹，却永远值得我们纪念和尊敬。

最后，应当特别指出的是，庄子关于宇宙空间无限性观点所体现的科学精神，早在一百年前近代启蒙思想家严复就在《庄子评点》一书中就予以高度赞扬："两千年前的庄子在没有学过近代的天文学、地质学的情况下，却有如此的眼界和认识空间的能力！"②不止如此，严复对于庄子的科学精神也给予了充分肯定，确信庄子的科学思想与近代西方科学精神具有某种同构性。严复的有关论断可以说是庄子研究史上最早从现代科学角度对庄子的肯定，这对于自然国学研究具有重要的启示。③

① 参阅柳树滋《大自然观——关于绿色道路的哲学思考》中的《存在的根本条件：运动与时空》一节，人民出版社，1993年，第48～55页。
② 方勇《庄子学史》第三册，第332页。
③ 参阅方勇《庄子学史》第三册第十三章《严复的庄子学》第四节《以西方科学思想与庄子思想互为阐释》。

第二章
庄子的时间观念

　　与空间相比，时间显得更为神秘和奥妙，把握它因而也更加困难。对时间做了很多思考的欧洲古代神学家圣·奥古斯丁（Aurelius Augustinus，354～430年）就说过："时间究竟是什么呢？谁能简易地给它一个解释？关于时间，谁能有一个清晰的观念？谁能把这个观念写出来？可是，在我们谈话中，时间的观念，在众观念中，不是最习惯、最熟悉的一个观念么？我们谈时间，自然我们懂得：什么是时间；当另一个人谈时间，我们也同样领会。那么，时间究竟是什么？假使人家不问我，我像很明了；假使要我解释起来，我就茫无头绪。"[①]可见，时间是人们最熟悉又最难认识的一个十分特殊的事物。

　　虽然如此，随着科学技术的发展和人的认识能力的提高，人们对于时间的认识已经有了巨大的进步：对于一般的现代人来讲，时间是一切物质存在的形式和根本条件早已经成为基本的哲学观念和普通常识，但在古代却远不是这样：很多属于基本常识的问题，对于古人来说往往都是深奥的哲学难题，例如，时间无始无终和直线流逝不可逆转这两点就是如此。事实上，对于认识时间来说这两点确实十分重要，因为它们直接涉及时间的基本性质和特征，并对时间观念的发展产生了重大影响，因而在人类认识时间的历程中占有重要地位。

（一）　时间的三维特征和直线流逝

　　时间有过去、现在和未来三个维度，先秦时期早已经成为人们的普

---

① 圣·奥古斯丁著、应枫译《忏悔录》，时代文艺出版社，2000年，第226页。

遍观念，庄子在这方面的突出贡献在于：不但从理论上对时间的三维特征给予了充分的肯定，更重要的是把它与事物的发展变化联系起来，用三维的理论分析事物的发展变化，从而对进一步认识时间的本质特征起到了促进作用。

庄子对于时间三维特征的肯定见于《人间世》：

> 来世不可待，往世不可追也……方今之时，仅免刑焉。

这是楚国狂人接舆唱给孔子歌中的几句话，大意是说：未来不可期待，往昔不可追及……当今这个时代只能求得免遭刑戮了。其中把时间分为三个维度：往世、方今和来世，即过去、现在和未来，庄子对此做了明确的肯定。事实上，只有把握时间的三维特征才可能产生关于时间的次序的观念，而"对时间的意识必然地包含着这样一种连续的次序的概念"[①]。可见，肯定三维的存在是建立健全的时间意识的前提，对于时间哲学的发展具有开创性的意义。

从庄子的文章对问题的分析可以看出，庄子总是把事物的发展变化过程置于三维的框架体系之内，将事物的发展变化与时间的三个维度直接联系起来，从而不但潜在地论证了时间与物质运动的关系，即时间就意味着发展变化，而且为认识时间的直线流逝找到了可靠的根据。当然，这反过来又进一步强化了时间三维特征的观念。

现在通过两个具体例证来说明这一点：

> 罔两问景曰："曩子行，今子止；曩子坐，今子起；何其无特操与？"景曰："吾有待而然者邪？吾所待又有待而然者邪？吾待蛇蚹(fù)蜩(tiáo)翼邪？恶识所以然，恶识所以不

---

① 恩斯特·卡西尔《人论》，甘阳译，上海译文出版社，1985年，第65页。

然！"（《齐物论》）

......方生方死，方死方生；方可方不可，方不可方可......果且有彼是乎哉？果且无彼是乎哉？彼是莫得其偶，谓之道枢。枢始得其环中，以应无穷。是亦一无穷，非亦一无穷也。（《齐物论》）

以上两段话的大意分别是：

第一段：罔两问影子道："刚才你在走动，现在又停下来；刚才你坐着，现在又站起来；你怎么如此没有独特的操守呢？"影子回答道："我是有所凭借和依赖才这样子吗？我所凭借和依赖的东西又有所凭借和依赖才这样子吗？我所凭借和依赖的就是蛇腹下的鳞皮和蝉的翅膀吗？我怎么知道我为什么那样！我又怎么知道我为什么不那样！"

第二段：......任何事物刚发生就灭亡，刚灭亡就发生；刚说可就转向不可，刚说不可就转向可......（是和非）果真有彼此的分别吗？果真没有彼此的分别吗？消除彼此相互对立的一面，就是道的枢纽。掌握了道枢，就像抓住了环子的中心，就能应付无穷的变化。是的变化是无穷的，非的变化也是无穷的。

以上两段话中第一段是说事物变化的原因：影子不知道自己为什么一会儿走动，一会儿又停下；一会儿坐着，一会儿又站起来。第二段是说事物瞬息万变，如何才能掌握无穷的变化。两段话所述内容不同，这些内容反映了庄子怎样的哲学思想我们暂且不去管它，这里只考察事物发展变化与时间的关系。从这个角度看，两段话之间具有明显的共同点：事物的变化没有穷尽，这种变化只有在时间的三维中才能成为现实，所以两段话中都有关于三维的明确表述：第一段话中"曩"、"今"和未来（即对于今后"所以然"和"所以不然"的设想）。第二段话中的"方生方死，方死方生；方可方不可，方不可方可"实际上包含了两个时态：过去和现在。这说明，庄子是从时间不停流逝的角度看待过去与现在之间的转化关系的；而"以应无穷"，则属于第三维的未来。

庄子所说的"方生方死，方死方生；方可方不可，方不可方可"这个表面看来相互矛盾的论断如同著名的芝诺（Zenon Eleates，约前490～约前436年）悖论之一"飞着的箭是静止的"[1]（"飞矢不动"）。"飞矢不动"是说飞矢在每一刹那都是在一个位置，因此是静止不动的。这个悖论实际上反映了运动的矛盾性：在同一刹那物体既在这一点又不在这一点，既是它又不是它。流逝中的时间也是如此：既是这一刹那，又不是这一刹那。就是在这样的矛盾状态中，时间由过去到了现在，又由现在走向未来。

由此不难看出，事物的发展变化就是在过去、现在和未来的这种具有辩证特征的"连续的次序"中实现的，这个"连续的次序"不仅反映着过去与现在、现在与未来之间的关系，而且与事物的因果关系相一致，所以，庄子通过事物在过去、现在和未来中的发展变化，特别是通过过去与现在的充满矛盾的转化状态的论述，不但在一定程度上触及到时间流逝和事物发展变化的辩证特征，而且在客观上也说明了时间的直线流逝就体现在"连续的次序"中。

在时间的三维中，现在一边对接过去，另一边对接未来。这两个对接对于人来说具有完全不同的意义：现在与过去的关系当然重要，而现在与未来的关系更为重要。因为人"更多地是生活在对未来的疑惑和恐惧、悬念和希望之中，而不是生活在回想中或我们的当下经验之中"。[2]由此可见，肯定三维，特别是肯定未来这第三维，不仅具有重要的哲学意义，而且具有重要的人生实践和历史的意义。所谓人生实践和历史意义，是说对于未来的憧憬和希望，为人类的前进提供了无限动力，极大地促进

---

[1] 北京大学哲学系外国哲学史教研室编译《古希腊罗马哲学》，三联书店，1957年，第58页。
[2] 恩斯特·卡西尔《人论》，第68页。

了历史的发展。

三维的"连续的次序"和时间直线流逝不可逆转的观念的建立，是人类对于时间本质特征认识的质的飞跃。关于这一点，即三维所体现的"连续的次序"与建立时间直线流逝不可逆转观念的关系，可以从反面加以证明。与时间直线流逝观念相对立的是时间的循环观念，即时间循环观。时间循环观认为时间不是直线流逝，而是循环变化。古代玛雅人就持有这样的时间观，正是这种观念"使他们连'过去''现在'和'将来'都混淆不清，'将来'的观念尤其淡漠"。[①]事实证明，时间直线流逝与三维的次序之间具有内在联系，并表现在它们之间的一致性上。

（二） 时间无始无终

人类在认识到时间的不可逆转的直线流逝特征之后，跟着就会产生时间有没有开端和终结的问题，而这个问题直接关系到宇宙的无限性特征，因此是一个十分重要的问题。庄子对于宇宙的思考也完全符合人类认识发展的逻辑规律。他在论证了时间直线流逝的性质的同时，对这个问题也给予了明确的回答：时间无始无终。

先说庄子关于时间无始的观点。时间有无开始也就是宇宙有无开始，涉及宇宙起源的问题。《齐物论》：

> 有始也者，有未始有始也者，有未始有夫未始有始也者；
> 有有也者，有无也者，有未始有无也者，有未始有夫未始有无
> 也者。

---

① 罗嘉昌《时间的哲学考察》，吴国盛主编《自然哲学》第一辑，中国社会科学出版社，1994年，第194页。

这段话的大意是说：（如果）宇宙有一个开始，那么，就有一个未曾开始的开始，更有一个未曾开始的未曾开始的开始；（如果）宇宙最初有它的存在，有它的不存在，那么，就有未曾存在的不存在，更有一个未曾存在的不存在的不存在。

这是推论宇宙究竟有没有开始，大意是说开始之前还有开始，开始之前的开始还有开始，以此上推，可以无穷，没有极限，因而时间也就不可能有开始。这里，庄子与西方的哲学家一样，都是以上推层次的无穷来证明时间之无始，即宇宙没有开端，也就是"从'始'（开端）向前追溯，最后达到的是无始（无开端）"。①

以上是庄子关于时间无始的观点。再看庄子关于时间无终的观点。《大宗师》：

死生，命也；其有夜旦之常，天也。

……若人之形者，万化而未始有极也，其为乐可胜计邪！

故圣人将游于物之所不得遁而皆存。

这两句话的大意分别是：

第一句：人的生死，是不可避免的，犹如黑夜、白天永恒交替一样，完全是自然规律。

第二句：……如果知道人的身体的变化没有穷尽，那么，还会极力谋求这种欢乐吗？所以，圣人将遨游于万物不会消失的境地而与万物共存。

这两句话通过不同的方式反映了宇宙无终的思想。

第一句是通过昼夜永恒交替说明时间无终：昼夜永恒交替，没有穷尽，当然就是时间没有穷尽，也就是时间无终。这是直接说明，比较容

① 杨国荣《庄子的思想世界》，北京大学出版社，2006年，第54页。

易理解。

第二句可以从两个方面分析：

第一个方面"万化而未始有极"。前面说过，事物的发展变化只能在时间的三维中才能成为现实，既然发展变化没有穷尽，作为物质运动存在根本条件的时间（还有空间）当然也不可能有终极。

第二个方面"物之所不得遁"反映了时间无终的思想。"物之所不得遁"如何反映了时间无终的思想，著名哲学家冯友兰有简要的分析：

> 盖宇宙乃万有之全体，故为无限的（infinite）……若宇宙间之物，虽复万变，而终不能不为宇宙之分子。盖灭于此者生于彼，此成彼毁，若此者"万化而未始有极也"。故宇宙者，庄子所谓"物之所不得遁"（《庄子·大宗师》）者也。既为"物之所不得遁"，故宇宙无终。 ①

冯氏是从物质不灭的视角论证宇宙永存，也就是时空无限：宇宙万物虽然在不停地发展变化，但所变的只是其性质和形态，而绝不会从宇宙中消灭，这就是"物之所不得遁"。既然万物永存，宇宙当然也就永存，故时间无终。

可以看出，冯氏的分析不但符合庄子思想的原意，而且也符合现代科学思想。现代科学思想的发展使得对于时空无限性的论证也达到了新的高度："……更为深刻的思想家则立足于宇宙、自然界、物质的不生不灭来证明时空的无限性。既然物质运动和时间空间是不可分的，那么从物质不灭、运动不灭必然推出时间无始无终、空间无边无际的结论。辩证唯物主义哲学的创始人也是这样看待时空无限性的。" ②

十分明显，从冯氏的上述分析中可以进一步看出，庄子没有把空间

---

① 冯友兰《人生哲学》，广西师范大学出版社，2005年，第160页。
② 柳树滋《大自然观——关于绿色道路的哲学思考》，人民出版社，1993年，第52~53页。

和时间完全割裂开来，而是从空间与时间的联系方面加以把握，因而能够在一定程度上肯定宇宙至大无极的无限性和无始无终的永恒性。

第三章
宇宙空间的构成和庄子宇宙论的
内在矛盾

宇宙空间的构成，亦即宇宙的结构问题，也是宇宙学的重要组成部分。如果考虑到古代各民族对于宇宙起源的探索比较热烈，而对于宇宙结构的探索则相对较少的情况，那么，庄子的这方面的探索尤其显得可贵。所以，尽管庄子在这方面的探索比较简单，并且掺杂着传统宗教巫术观念，但这一切都不能掩盖它在宇宙学发展史上的意义。

（一） 宇宙的结构：六合之内与六合之外

庄子对于宇宙结构的认识很明确：宇宙空间可以分为六合之内与六合之外，整个宇宙就是由这样两大部分构成。《齐物论》：

> 六合之外，圣人存而不论；六合之内，圣人论而不议。

这句话的大意是说：六合之外的事情，圣人有所保留而不谈论；六合之内的事情，圣人虽有谈论却不做评议。从圣人对于六合之内与六合之外事情绝然不同的态度，可以知道，六合之外与六合之内是完全不同的两个空间。既是两个完全不同的空间，当然就各有所指，那么，它们各自所指的究竟是什么呢？一般认为，六合是指空间的六个方向，即东、西、南、北和上、下；但具体说来，东、西、南、北各到哪里，上、下各止于何处，却从来没有一个确切的答案。这个问题平时似乎可以不去深究，只要知道是指六个方向就完全可以了，但这里将六合分为六合之内与六合之外，内外之间总要有个界限，这个问题就不能再回避了。

对于这个问题的答案，庄子文章本身并没有正式给出，我们只能从

其他古代文献中去寻找。《山海经·海外南经》：

> 地之所载，六合之间，四海之内，照之以日月，经之以星
> 辰，纪之以四时，要之以太岁。

《淮南子·地形训》在移录上面的记载之后，接着特别补充道：

> 天地之间，九州、八极。①

这句话是说天地之间有九州、八极。这里的"天地之间"就是上面所引《山海经·海外南经》中的"六合之间"和"四海之内"。可见，六合之内（即六合之间）除了指九州、八极，也就是泛指地上所载的一切之外，还包括"天地之间"，即大地之上的近空空间。就是说，"六合之间"所说的天地之间，是指九州、八极及其近空空间，而不包括高空空间。既然如此，六合之外当然就是指天地间之外的高空空间了。

天地间之外的高空空间是否存在，如果确实存在的话，它在古人心目中是什么样子？与庄子大致同时代的作品《楚辞·远游》②的如下记载可作参考：

> 下崢嶸而无地兮，上寥廓而无天。视倏忽而无见兮，听
> 惝怳（chǎnghuǎng）而无闻。超无为以至清兮，与泰初而为
> 邻。③

这几句的大意是说：下界无限深远而不见大地，上方广阔空虚而不见

---

① 刘文典《淮南鸿烈集解》，中华书局，1989年，第130页。
② 现在一般认为《楚辞·远游》是庄子同时代稍后的屈原的作品。
③ 洪兴祖《楚辞补注》，中华书局，1983年，第174～175页。

天野。仔细看万物疾速变化却什么也看不见，认真听万物疾速变化却什么也听不到。这是超越了无为的虚清，而与精气形成之初的境界共存。

可见，在古人观念中，六合之外是天地形成之前就已经存在的寥廓、至清的无限空间（为什么说它无限，详后）。天地分离成为六合之内以后，它也就成为六合之外了。因为它在天地间之外（即六合之外）的高空，其上无限，故曰"上寥廓而无天"；其下是属于六合之内的近空，故曰"下峥嵘而无地"。

庄子给天分层，把天空分为近空和高空，是符合古代人们的宇宙观念的。与庄子同时代稍后的屈原曾就天的分层问题发过问："圆则九重，孰营度之？惟兹何功？孰初作之？"（《天问》）"圆则九重"即天空可以分为九层。这九层天自大地而上分别为：月天、水天、金天、日天、火天、木天、土天、恒星天，至最高一层为宗动天。（天分九重，还有不同说法，略。）至于六合之内、六合之外各包括哪几层天，庄子没有说明，不好妄断。

在庄子的观念中，六合之内与六合之外虽都是宇宙空间的组成部分，但二者是不是都是无限的呢？答案是否定的。如前所说，六合之内虽是一个广大的三维空间，但却不是无限的，因为在它的外面还有一个更大的空间——六合之外。"至大无外"，六合之内既然有外，可见不是"至大"，更不是无限。而六合之外是"无"，什么也没有，可见六合之外才是"无外"的至大。

前面说过，庄子认为由六合之内与六合之外构成的宇宙空间"无所至极"，宇宙是无限的；我们又知道，六合之内是有限的空间。将这两点结合起来，可以知道庄子肯定宇宙的无限性特征，实际上是指六合之外无限。

这样看来，六合之内与六合之外是对应而言，一个是指天地间的有限空间，一个是指天地间近空之外的无限空间。庄子认为，整个宇宙就是由有限的六合之内与无限的六合之外这样两个不同的空间构成。

（二） 庄子宇宙论的内在矛盾

上一章和本章上一节所述庄子对于宇宙的认识，如宇宙空间至大无外的无限性、时间无始无终的永恒性以及对于宇宙结构的认识等等，尽管其中存在某些错误观点，但基本上并未超出自然哲学的范畴，都属于对自然对象的探索。但是，在他对于宇宙的进一步思考中，传统宗教巫术观念和内容便掺杂进来，从而使他对宇宙的认识越出了自然哲学的范畴，而与宗教巫术观念紧密地纠缠在一起，他的宇宙论因而也变得复杂起来。

在庄子的观念中，六合之内与六合之外不只是两个不同的宇宙空间，同时也是人寰与神界的分野：如前所说，六合之内包括"九州、八极"及近空空间，显然属于人寰，其活动主体当然主要是人，即一般的凡人。从庄子的各篇文章可以知道，除人之外，六合之内还有山水、草木、鲲鹏、蜩鸠、朝菌、蟪蛄、大舟、草芥等等，而六合之外的活动主体则是神和超人（为了行文的简便，我们把《庄子》中所说的至人、神人、真人统统称为超人，下同）。这就是说，六合之内与六合之外虽然都是宇宙的组成部分，但由于其活动主体不同而成为两个完全不同的世界。

庄子认为，六合之内即人寰中的人和物，都是在"有待"的状态下生存。[①]无论是大舟还是草芥，也无论是"抟扶摇而上者九万里"的大鹏，还是"抢榆枋而止"的学鸠，无论是"智效一官"的卑鄙之人，还是"御风而行"的列子，其行为和举动都有所凭借，有所依赖，也就是都受着客观条件的限制和制约而不能随心所欲、任意而行。不过，六合之内"有所待"的凡人虽然不能超越自然规律任意而行，不能实现行动上的绝对自由，但却可以摆脱功名利禄、权势地位观念的束缚，达到精

---

① 关于"有待"、"无待"，请参阅本书上一章。

神上的绝对自由，也就是实现精神上的"无待"。

庄子笔下作为人寰的六合之内的情况如此，那么，六合之外的情况如何呢？那里的活动主体又是谁呢？

"六合之外，圣人存而不论"，看来，六合之外有其活动主体，只是"圣人不论"而已。文献材料说明，六合之外的活动主体不是人，而是神。《论语·述而》："子不语怪力乱神。"庄子所说的"圣人存而不论"，不就是对《论语》中的"子不语怪力乱神"的概括吗？孔子"不语怪力乱神"是因为"力不由理，斯怪力也；神不由正，斯乱神也。①"如何"不由理"，如何"不由正"，《列子·汤问》作了具体的说明："……然则亦有不待神灵而生，不待阴阳而形，不待日月而明，不待杀戮而夭，不待将迎而寿，不待五谷而食，不待缯纩而衣，不待舟车而行，其道自然，非圣人之所通也。"②可见，这个充满了怪异和荒谬的世界，圣人无法从人间常理和经验加以说明和解释，只好"存而不论"，而这恰好说明六合之外是一个充满"怪力乱神"，即神灵和怪异的神话世界。庄子的文章对此多有论述，这里不再引证。

庄子认为活动于六合之外的神与超人都是得道者，他们不但有精神上的绝对自由，更有实际行动上的绝对自由：可以超越时空，驾驭万物，既不受人间伦理道德的限制，也不受自然规律的制约，可以随心所欲，任意横行，做凡人做不到的任何事情，创造凡人不敢想象的任何奇迹，诸如"游无穷"，"乘云气，御飞龙，而游乎四海之外"，"乘云气，骑日月，而游乎四海之外"，以及"入水不濡，入火不热"等等。

可以看出，庄子观念中的六合之内与六合之外不但活动主体不同：一个是凡人，一个是神和超人；而且得道所达到的"无待"境界也有所不同：六合之内凡人得道的"无待"，其最高境界只能是达到精神上的

---

① 《论语注疏》引李充说，见《十三经注疏》，中华书局，1980年，下册第2483页。
② 杨伯峻《列子集释》，中华书局，1979年，第162~163页。

绝对自由，而六合之外的神与超人，其得道的"无待"境界除了精神上的绝对自由之外，更有实际行动上的绝对自由。

应当指出的是，把六合之外作为神界，把神视为六合之外的主体，不是庄子的创造，而是我国古代普遍的宗教巫术观念，《山海经》中的大量记载完全可以证明这一点。[①]这就是说，庄子是采用了当时流行的神话传说，接受了相关的宗教巫术观念，并用这种观念建构了宇宙模式，即把宇宙空间分为六合之内与六合之外两个相互对立的空间：人被限制在六合之内的有限空间，而把六合之外的无限空间留给神和超人。

十分明显，正是传统宗教巫术观念的影响和介入，决定了庄子宇宙论的内在矛盾：

其一，庄子一方面肯定宇宙没有开端，宇宙具有无始无终的永恒性，一方面又认为，道在宇宙之前，宇宙生于道，明确肯定宇宙有开端：所谓"自本自根，未有天地自古以固存；神鬼神帝，生天生地……"（《大宗师》）宇宙有无开端二者不能相容，它们之间的相互斗争关系到重大的哲学问题，并贯穿于全部哲学史和宇宙论史：不承认宇宙有开端倾向于无神论，而"只要宇宙有一个开端就可以设想它有一个造物主"[②]，因而肯定宇宙有开端也就常被用来论证上帝的存在。

其二，庄子既肯定了宇宙无始无终的永恒性和宇宙至大无外的无限性，就意味着宇宙空间与时间的统一，然而在肯定宇宙统一性的同时，却又把宇宙分为六合之内与六合之外，并各有其不同的活动主体，不但肯定了神及其空间的存在，而且使统一的宇宙空间形成人寰与神界的对立。这使他背离了理性精神，而滑入了唯心论的泥淖。

以上矛盾说明，在关系到有无上帝和宇宙是否具有统一性这个哲学和宗教问题上，庄子未能完全走出二元王国，由此而决定了庄子宇宙观

---

① 参阅《山海经》中的《大荒西经》、《大荒北经》和《大荒南经》等相关部分。
② 戴博拉·哈斯玛《基督教和无神论者对于大爆炸宇宙论的回应》引霍金语，见梅尔·斯图尔特《科学与宗教的对话》，北京大学出版社，2007年，第197页。

的内在不和谐性。

庄子宇宙论的内在矛盾，说明他的思想观念既有符合实践理性精神和科学精神的进步的一面，又有深受传统宗教巫术观念束缚的蒙昧和荒谬的一面，而这归根结底正是时代思想矛盾的反映。（详见前言有关部分。）

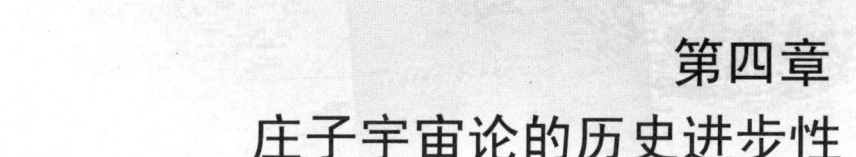

第四章
庄子宇宙论的历史进步性

（一）　庄子宇宙论的历史进步性

庄子的宇宙论，特别是关于宇宙性质部分，如宇宙无限性和永恒性的观点，在一定程度上反映了宇宙的本质特征，体现着鲜明的实践理性精神。实践理性精神崛起于春秋战国时代，主张"把理性引导和贯彻在日常现实世间生活、伦常感情和政治观念中，而不作抽象的玄想"[①]，是一种强大的进步精神和锐利的思想武器。庄子运用它不只是思考现实生活、伦理道德、政治思想等社会领域的问题，而且还把它扩大到自然领域，将神秘的宇宙自然之谜置于理性智慧光辉的照射之下，他的宇宙论因此也达到了当时宇宙学探索的前沿。

只要我们把庄子的宇宙论还原到具体的历史文化语境中，其巨大的历史进步性立即就会显示出来。大致说来，庄子宇宙论的历史进步性可以从三个方面来看，现分别说明如下：

1. 从庄子宇宙论产生的有关文化背景看

庄子所处的战国时代，宗教巫术观念尚有很大的影响，甚至在一些领域还占据统治地位，起着主导的作用，而科学技术发展水平又比较低：这些都极大地束缚着人们的思想，限制着人们的认识能力，关于宇宙的种种充满神秘性的荒诞离奇的说法因而也得以流传。在这样的历史条件下，关于宇宙的无限性和永恒性特征的观点对于很多人来说，显然是很难想象的。那么，当时包括很多哲学家、思想家在内的广大人群对于宇宙怎么看，他们具有怎样的宇宙观，显然是评价庄子宇宙论的重要参照。大体上说，在春秋战国时代对于宇宙的看法和态度中比较有影响

---

① 李泽厚《美的历程》，文物出版社，1981年，第50页。

的主要有两种：

一种是对于宇宙本体问题采取了完全回避的态度，持这种态度的以孔子（前551～前479年）为代表。孔子的注意力完全集注于社会政治和人际关系，对于自然问题和宇宙本体从根本上缺乏研究的兴趣。他曾说："未能事人，焉能事鬼？……未知生，焉知死？"（《论语·先进》）与社会现实无关的问题他从不愿过问："死"虽与人生有关，只是由于人死以后完全超越了现实，他便不愿再谈论，由此不难看出孔子对事物强烈的功利态度。他又说："天何言哉？四时行焉，百物生焉，天何言哉？"（《论语·阳货》）这里的"四时"关乎天体运行，"百物"关乎自然形态，显然都是与社会现实问题没有直接关系的关于自然和宇宙的问题。孔子认为它们各有"行"、"生"，各行其是，全然与人事无关，因而也无需乎格外关注。在他看来，既然与人事无关，当然也就无价值可言，可见孔子对于自然和宇宙本体的这种态度绝非偶然，而完全是建立在其价值标准的基础上的。

一种是对于宇宙结构模式有一定的认识，如战国时代流行的"盖天说"。"盖天说"正式提出了"天圆如张盖，地方如棋局"的观点（《晋书·天文志》），认为宇宙的结构是天圆地方。按这种观点，宇宙空间当然是有限的——天有止境，地有边缘，这与庄子所提出的宇宙空间的无限性和时间的永恒性是根本对立的。科学史早已证明"盖天说"是完全错误的，但是，当时一般人对它却深信不疑，"盖天说"因而得以流行。

可以看出，庄子在对待宇宙本体及其特征的问题上，既没有像孔子那样采取完全回避的态度，也没有盲目追随当时正在流行的观点，而是根据自己对于宇宙自然的观察，以理性精神对这个充满了神圣和奥秘的领域进行了深刻的思考，并得出了当时最先进、最符合科学精神的新的结论。应当说，无论是在人类认识发展史上，还是在宇宙学史上，这都是一项不容置疑的重要成就。

2. 从庄子宇宙论对于哲学政治思想的影响看

宇宙论发展史早已经证明，人类对于宇宙认识的任何一点进步，其影响都会远远地超出自然科学史的范畴：或在人文社会科学领域产生重要影响，或在社会政治生活中激起巨大波澜。庄子宇宙论的历史命运也是如此：我国古代特定的政治历史环境和背景，意外地赋予了庄子宇宙论以颠覆封建政治伦理和尊卑观念的巨大的社会政治意义。

如前所说，天圆地方的"盖天说"本是对宇宙本体的描述，但是在它产生和流行之后，却被维护封建统治秩序的思想家附会了一系列的社会政治内容。例如《大戴礼记·曾子天圆》："参尝闻之夫子曰'天道曰圆，地道曰方。'方曰幽而圆曰明。"卢辩注云："道曰方圆耳，非形也……方者阴义，而圆者阳理，故以明天地也。"[1]把天、地改为天道、地道，把本来是天地形状的方、圆附会成天地、君臣、尊卑，其政治目的和倾向是十分明显的。

对这个问题作了更为详明阐释的是《吕氏春秋·圆道》：

> 天道圆，地道方，圣王法之，所以立天下……主执圆，臣处方，方圆不易，其国乃昌。[2]

至此，作为宇宙结构模式的"盖天说"完全改变了性质，成为封建统治秩序和尊卑观念合乎天意的证明，从而完全堕落成为封建帝王的"奴婢"。

庄子主张宇宙至大无极，宇宙无限，从根本上否定了天圆地方的"盖天说"；否定了盖天说，自然也就彻底颠覆了那些附着于其上的种种神圣的政治伦理观念和学说，这对于促进思想发展和观念进步，无疑具有重要意义。庄子宇宙论对于封建统治秩序和尊卑观念的颠覆作用，

---

[1] 王聘珍《大戴礼记解诂》，中华书局，1983年，第98页。
[2] 陈奇猷《吕氏春秋校释》，学林出版社，1984年，第171～172页。

再次证明了宇宙无限性和永恒性观点的无神论性质及其所蕴含的巨大力量。如此巨大的"意外"效果，恐怕是庄子本人也意想不到的。

3. 从宇宙论史自身的发展来看

古代，无论是东方还是西方，对宇宙的认识多是思辨式的简单说明，而根本没有也不可能有系统的科学论证，这种情况直到1755年德国哲学家康德（Immanuel Kant，1724～1804年）写了著名的《宇宙发展史概论》才开始得到改变，从此以后，关于宇宙的系统论证，特别是关于宇宙结构的研究才逐渐多起来。《宇宙发展史概论》是一部根据牛顿基本定律，"以最简单的方法来解释整个宇宙的结构及其力学起源"[①]的著作，在科学史上具有划时代的意义。就是说，从我国的战国时代到1755年前的这段漫长时间内，无论是从世界的范围看，还是从中国历史的角度看，庄子的宇宙论，特别是他对于宇宙性质的认识在科学史上都是十分重要的。

从康德发表《宇宙发展史概论》到现在已经过去了两百多年，宇宙论又有了突飞猛进的发展，并形成了当今的具有严格体系的现代宇宙论，即量子宇宙论。宇宙论的变化很大，但是，庄子宇宙论，特别是他关于宇宙空间无限性和时间永恒性的观点并没有因此而过时，同样还是现代宇宙论所探讨的基本问题。就是说，庄子在两千多年前所提出的问题是一个贯穿全部宇宙论发展过程的元问题。当代最负盛名的广义相对论家和宇宙论家史蒂芬·霍金（Stephen W.1942～）在他就宇宙问题的发问中，第一个问题就是："我们发现自己是处于使人为难的世界中。我们要为自己在四周所看的一切赋予意义并问道：什么是宇宙的性质？"[②]卡尔·沙冈在《时间简史·导言》中介绍这个问题时说，对于这个宇宙论的元问题，霍金给出的结论是："一个空间上无边缘、时间

---

① 恩斯特·海克尔《宇宙之谜》，上海人民出版社，1974年，第225页。
② 史蒂芬·霍金《时间简史——从大爆炸到黑洞》，湖南科学技术出版社，1996年，第153页。

第四章 庄子宇宙论的历史进步性

上无始无终，并且造物主无所事事的宇宙。"①除了造物主云云之外，其他竟与庄子的认识完全一致。沙岗还特别指出，对于宇宙论的这个元问题，霍金的回答会使有些人"感到不舒服，因为它们如此生动地暴露了人类理解的局限性"。②如此看来，庄子对于宇宙本体的哲学追求，即他对于宇宙性质与特征的认识，使他在两千多年前就已经向人类的认识能力提出了挑战。

（二） 如何看待庄子宇宙论的历史局限性

既然庄子宇宙论的内在矛盾根源在于时代，那么，这种历史局限性就不会是仅仅发生在庄子身上，而应当具有一定的普遍性。事实确实如此。在宗教巫术观念和神话思维占统治地位的古代，面对神秘的宇宙之谜，人们的宇宙观念无不深受传统宗教观念的影响。不只古代中国是如此，其他国家和民族也是如此。看一看这方面的有关情况，作为我们认识庄子宇宙论的参照，将有助于端正我们的评价标准，使我们的认识趋于客观和公正。

先说我国古代。

关于宇宙的结构模式，如前所说，庄子生活的春秋战国时代还有主张天圆地方的"盖天说"。由于缺乏相关的历史资料，关于"盖天说"形成的具体过程和有关情况已经很难确知，而只能从有关文献，例如《山海经》的零星记载作大致的探求。《山海经》内容丰富而庞杂，涉及很多学科，有的学者因此称之为中国古代最早的百科全书，而其中的神话材料又"蕴藏着珍贵的中国宇宙理论发展的早期历史"。③可以想

---

① 见卡尔·沙冈《时间简史——从大爆炸到黑洞·导言》，第11页。
② 同上书，第10页。
③ 张春生《〈山海经〉研究》，上海社会科学院出版社，2007年，第67页。

39

见，从这样一部书中还原宇宙结构模式其难度是很大的。《山海经》所记天之所覆、地之所载、四极、四隅、海内、海外、六合、八荒，零散枝蔓，头绪纷繁，但在总体上却是以宇宙空间为其广阔的背景，而作为《山海经》空间背景的宇宙结构模式恰恰就是天圆地方。[①]这明显地透露了"盖天说"与《山海经》所隐含的宇宙结构模式之间的内在联系。《山海经》还可以证明这种宇宙结构模式从起源到正式形成经历了很长时间，并在流行过程中掺杂了很多宗教巫术观念和神话内容。由此看来，"盖天说"受到宗教巫术观念和神话内容的深刻影响也就完全可以理解了。

再看古代其他国家和民族。

众所周知，古代巴比伦的天文学取得了辉煌的成就，人类最早关于宇宙秩序的总体体系就诞生于巴比伦的天文学中，而正是这个关于宇宙秩序的总体体系为巴比伦的宇宙学奠定了基础。然而，这个孕育了宇宙学的"巴比伦天文学就其整体而言，仍然是一种对宇宙的神话式解释……天的现象不可能是以一种抽象沉思和纯粹科学的不偏不倚精神来研究的……只有在这种神话的和魔术的形态亦即占星学的形态中，天文学才能得以产生[②]。"天文学如此，宇宙论更是如此。

再说古希腊。

古希腊哲学家的宇宙论也未能完全杜绝宗教观念和神话思维。

古希腊最早的唯心主义团体毕达哥拉斯学派，遵循神秘教义和戒律，崇拜数字，把数字神秘化，认为数字具有魔术般的神秘力量。当他们用数学说明宇宙问题时自然就把神秘思想带进这个领域，以致"他们关于空间的理论中也用的是神话式的语言"[③]。当然，不只是毕达哥拉斯学派的宇宙论是如此，一切原始的宇宙学体系都是如此，甚至直到公元

---

① 参阅上书《〈山海经〉中的宇宙模式》一文。
② 恩斯特·卡西尔《人论》，第62页。
③ 同上。

前4世纪的著名哲学家柏拉图(Platon，前427～前347年)那里还是如此。在他的名著《蒂迈欧篇》中论证宇宙起源时提出了一种新的宇宙生成论，其中就有与宇宙自然毫无关系的造物主、世界灵魂、行星灵魂以及很多宗教的神祇，这使得这种宇宙生成论披着神话的外衣，"渗透着许多神话的因素"，以致"往往同他的其他学说有矛盾"。[②]可见，柏拉图学说的内在矛盾，也是由于宗教观念和神话思维影响的结果。

综上所述，无论是中国古代的"盖天说"，还是巴比伦、古希腊的宇宙论，宗教观念和神话思维的介入，可谓司空见惯，是一种世界性的普遍现象。这种情况绝非偶然，而有其时代历史和认识方面的深刻原因。在宗教观念和神话思维占主导地位的历史条件下，种种离奇古怪、荒诞不经的唯心主义思想会通过各种渠道向其他领域渗透和扩散；加之科学技术发展水平低下，人们的认识能力有限，更为错误思想观念的传播提供了适宜的土壤。在这种情况下，要求有关自然和社会生活的思想、观点和学说中完全摆脱传统宗教观念的影响，出污泥而不染，当然是不可能的。

可见，产生于传统的宗教巫术观念与实践理性精神激烈冲突背景下的庄子宇宙论，掺杂某些宗教巫术观念因素完全是不可避免的正常的现象，并不值得奇怪。就是说，正视并承认庄子宇宙论中存在着错误思想观点和问题，丝毫也不会遮掩他的光辉；有的学者担心承认这一点会贬低庄子，那实在是没有必要。

以上分别论述了庄子宇宙论的历史进步性和局限性。实际上，这种历史进步性与局限性是不可分地纠结在一起的，那么，从总体上应当如何评价庄子的宇宙论呢？我们认为对它的总体评价应当注意以下两个方面：

---

① 〔美〕梯利《西方哲学史》，葛力译，商务印书馆，2004年，第64页。

一是与其局限性相比，历史进步性是主要的：庄子在这方面所取得的成就远远大于它的时代局限性；一是历史局限性虽然很明显，但却是不可避免的，就是说错误观点形成的原因主要在于时代，而不单单是庄子个人的原因。

正是因为如此，我们认为，要正确认识庄子宇宙论的历史进步性，首先要正确看待他的历史局限性。

第五章
关于自然的定义和指称

在庄子生活的战国时代，作为人类家园的自然（即自然界或大自然）还不用"自然"二字来指称。在"自然"二字成为指称自然或大自然的稳定概念之前，古代哲学家指称自然这一概念所用的字词可谓因人而异。一位哲学家用什么语词指称这一概念，直接反映着他对于自然本质特征的认识和理解。作为反映人的认识发展变化的每一个概念都有其发展和形成的历史，而经过一定阶段的发展所形成的通行的概念，往往凝结着这个阶段的认识成果，并对学术发展的未来走向产生巨大的影响。例如古希腊亚里士多德（Aristotele，前384～前322年）把自然定义为"运动和变化的本原"[①]，相应地，在这之前的一个时期内古希腊的自然哲学多是从本原上探索自然的本质，提出了水本原说、气本原说、火本原说等等。其他的所有能够反映体系特征的基本定义与研究发展历程的关系也大致如此。这说明，"每一次伟大的自然哲学的体系的出现，均意味着自然概念从错综复杂的观念漩涡中最后定型，它将支配着思想界几个世纪甚或十几个世纪之久……"[②]而这正是学术思想和学术研究发展的常态。

从这个角度看，在我国古代"自然"二字成为反映自然的稳定概念之前，庄子提出的是什么概念，也就是他怎样定义自然，就特别值得关注了。

---

① 亚里士多德《物理学》，引自赵敦华《西方哲学史》，北京大学出版社，2000年，第5页。
② 吴国盛《自然哲学的复兴》，吴国盛主编《自然哲学》第一辑，中国社会科学出版社，1994年，第11页。

（一） 以"万物"定义自然

如前所说，庄子著作中的"自然"二字与我们今天所说的"自然"不同。它不是指作为人类生存家园的自然，即不是指自然实体，而是一个抽象的哲学概念。例如，他在《德充符》中说："吾所谓无情者，言人之不以好恶内伤其身，常因自然而不益生也。"大意是说：我所谓的无情，是说不要以不合理的好恶损害自己的本性，要按照自然规律生活，不要靠人为地增益什么来养生。十分明显，这里的自然是指养生的自然之道，也就是养生的规律，而不是指客观存在的自然实体。

在我国文化史上，"自然"从一个抽象的哲学概念转而指自然实体，也就是把自然与自然实体联系起来，大约是在魏晋时期。①那时，玄学风靡天下，士大夫热衷于隐逸。在长期的隐逸生活中，他们发现远离世俗社会的山水胜境最能体现"道"的真谛，认为道即蕴涵于山水之中，就这样"自然"被落实到具体的山水形象中，从而使"自然"与山水景观结合起来，并逐渐具有了实体性的新含义。此后，"自然"才成为一个反映自然实体的稳定的概念。

既然先秦时代，"自然"一般不指自然实体，那么，庄子用什么概念指称我们今天所说的自然呢？从他的著作中可以知道，在很多情况下他是用"万物"和"天"等概念来指称自然的。②"名"作为一个符号其意义在于代指，似乎没有什么深义，但名实相副，名正言顺，选择什么语词代指什么，也不可能与作者的思想观点完全无关。正是因为如此，我们也就完全可以从他选用的语词所透露出的信息来分析他对于自然的认识。

---

① 这一观点，一般中国哲学史和美学史著作多有论述，可参阅。
② 在个别情况下，有时也以"真"、"阴阳"指称自然，前者如："嗟来桑户乎！而已反其真，而我犹为人猗！"（《大宗师》）后者如："阴阳于人，不翅于父母。"（《大宗师》）

先说"万物"。在庄子之前作为概念的"万物"已经出现。《尚书·泰誓》："惟天地万物父母，惟人万物之灵。"[1]庄子继承了这一概念，用以指自然：

> 昔者，十日并出，万物皆照……（《齐物论》）
> 自其同者视之，万物皆一也。（《德充符》）
> ……又况万物之所系，而一化之所待乎！（《大宗师》）

古时候天上升起十个太阳，晒焦了地上的一切。

这三句话的大意分别是：

第一句：古时候，十个太阳同时出来，万物都被照耀……

---

[1] 《十三经注疏》，中华书局，1980年，第180页。

第二句：从它们相互一致的角度去看，万物具有相同的本质。

第三句：……又何况万物存在的根源和变化所依据的大道呢！

可以看出，"万物"是一个指无穷量的物质存在的概念。

有时，庄子将"万物"与"天下"并举，更突出了这一点。《齐物论》：

> 天地一指也，万物一马也。

大意是说：（事物是没有什么区别的，）天地高低悬殊，却像一个手指一样；万物繁多，却像一匹马一样。以天地之广状万物之多，可以进一步证明"万物"涵盖了自然界的一切事物。

以上诸例见于庄子的不同篇章，说明以"万物"定义自然，并非庄子偶然表达的需要，而是反映着他对自然的基本思想和认识。我们知道，自然实体都是由永恒的物质组成，并在人类历史出现之前就已存在；人类出现以后，自然则是独立于人类社会之外的存在。这说明，自然存在的物质性、客观性和独立性不以人的意志为转移。受时代历史和认识发展水平的限制，庄子虽然未能（也不可能）提出这样高度概括性的科学论断，但他称自然为"万物"而不称其他什么，实际上就蕴含着这一思想的因素或萌芽。因为明确了自然是由各种各样的自然物所构成，也就在一定程度上肯定了自然存在的物质性和客观性，特别是他常常把物与人、物与心对举尤其可以说明这一点："圣人将游于物之所不得遁而皆存。"（《大宗师》）"且夫乘物以游心，托不得已以养中……"（《人间世》）都反映着庄子对于人与物（包括自然万物）之间的主客观关系的认识，以及以"万物"定义自然的唯物主义思想特征。

事实上，人类认识自然总是从个别的具体自然物，如山、水、草、木、飞禽、走兽等等开始，给这些数不胜数的自然物一个具有高度概括性的总体名称，应当说"万物"是最能体现作为自然物集合的自然的特征了。同时，"万物"二字又具有很强的直观性，充分体现了人类把握自然过程中的早期阶段的特征。不只我国古代是如此，"在现代欧洲语言中，'自然'一词总的说来是更经常地在集合的意义上用于自然事物的总和或聚集。"①另外，西方古代有些哲学家和思想家也是从具体的自然物的角度开始理解自然的，有的学者索性就将"自然"与"万物"二字连用，称自然为"自然万物"，例如古希腊哲学家伊壁鸠鲁在他的《自然与快乐》一书中就多次这样使用这一概念。②由此可见，庄子以"万物"定义自然，不但在一定程度上揭示了自然实体的物质性本质，而且也完全符合人类认识自然的规律。

事实上，"万物"作为人类认识自然早期阶段的概念，对人类认识自然的历史产生了十分深刻的影响，正是因为如此，有的学者把它称为"预定的框架"：自然是事物的集合……在这个框架支配下，"欲思考'自然'马上被转换成思考'自然物'。关于自然的界定工作，主要是关于自然物的分类和描述性工作……"③尽管这个"预定的框架"由于以自然物取代自然而受到一些学者的批评，但它却一直被延续使用着，直到今天仍然是如此，这个事实本身就足以说明这一定义的巨大生命力。

（二） 以"天"定义自然

庄子指称自然除了用"万物"之外，有时还用"天"。如果说庄

---

① 柯林伍德(Collingwood，1889～1943年)《自然的观念》，吴国盛等译，华夏出版社，1991年，第47页。
② 伊壁鸠鲁《自然与快乐——伊壁鸠鲁的哲学》，包利民等译，中国社会科学出版社，2004年。
③ 吴国盛《自然哲学的复兴》，吴国盛主编《自然哲学》第一辑，第12页。

子以"万物"指称自然是有所继承的话，那么，"以天为大自然"则是"庄子的创造"。[①]

这一点古代的庄子研究者早已注意到。所谓"天者，万物之总名也"[②]。天既是"万物"的总名，那么与自然的关系也就十分清楚了，所以古代另一位学者接着上面的话说："天者，万物之总名，自然之别称……"[③]"万物"与"天"都可以指自然，但它们之间又有所区别，这个区别当然与庄子对于自然的认识有直接关系。

如前所说，以"万物"定义自然体现着庄子对自然认识的唯物主义思想的一面，那么，以"天"定义自然所反映的思想则不那么单一。具体说来，可以分为两种情况：一种是与"万物"完全一样，就是指自然，没有什么其他的含义；另一种虽也是指自然，但却掺杂有唯心主义思想因素，内涵比较复杂。

先说第一种情况，即"天"完全等同于"万物"：

> 天鬻（yù）者，天食也。既受食于天，又恶用人？（《德充符》）
>
> 眇乎小哉，所以属于人也；謷（áo）乎大哉，独成其天！（《德充符》）
>
> 内直者，与天为徒……外曲者，与人为徒也。（《人间世》）

这三句话的大意分别是：

第一句：自然养育人，就是人接受自然的供养。人既然是靠自然养育，哪里还用得着人为的努力？

---

① 刘笑敢《庄子哲学及其演变》，中国社会科学出版社，1987年，第124页。
② 郭象《庄子注》，郭庆藩《庄子集释》，中华书局，1961年，第一册，第50页。
③ 成玄英《庄子疏》，同上书，第一册，第50页。

第二句：多么渺小呀，那归于人的属性；多么伟大呀，独特地保全自然（的本性）！

第三句：内心正直，是以自然为榜样（表现出自己本然的真实状况）……表面恭敬随顺，是以人为榜样。

十分明显，这三句话中的"天"都是指独立于人类社会之外的自在的大自然，可以说，在指称自然方面与万物是同义语。

再说第二种情况，虽还是以"天"指自然，但与"万物"有所不同：

> 道与之貌，天与之形……　（《德充符》）
>
> 天刑之，安可解？　（《德充符》）
>
> 知天之所为，知人之所为者，至矣。（《大宗师》）

这三句话的大意分别是：

第一句：道给予人容貌，自然给予人形体……

第二句：这是天对我的刑罚，如何能够解脱呢？

第三句：知道自然的所作所为，也知道人的所作所为，是认识的最高境界了。

如前所说，以"万物"定义自然着眼于数不胜数的自然物，那么，以天定义自然又意味着什么呢？从以上所举的三个例证中可以看出，"天"虽还是指自然，但这个自然已经不是纯然的自在客体，而在某种程度上已经成为有意志、有目的的存在。由于自然被赋予了某些非自然的东西，其性质随之也发生了一定的变化，而成为一种以自己的"所为"决定人的形体，对人施予"天刑"的超然力量。

为了进一步说明"天"所指称的自然与"万物"不同，具有某些超自然的神秘特征，让我们再看下面一段文字。《德充符》：

受命于地，唯松柏独也正，在冬夏青青；受命于天，唯尧
舜独也正，在万物之首。

有的学者将这段话翻译如下："（树木都是）受命于地，唯有
松柏独得了地的正气，冬夏常青；（人都是）受命于天，唯有尧舜独
得了天的正气，在万物之中为首。"①如果从唯物主义的角度理解这
句话，将"受命于地"译为"独得了地的正气"还可以得到合理的解
释：松柏从大地吸收了纯正的养分；但对下一句因为"得了天的正
气"尧舜成为"万物之首"，即做了主宰天下统治万民的国君，又如
何解释呢？这个"天的正气"究竟是什么呢，竟能决定人间的政治变
动和历史进程，它如何竟有如此广大的神通？这些问题，从唯物主义
思想观点恐怕无论如何也无法解释清楚，原因很简单：这里的主导
思想根本不是唯物主义思想，而是地地道道的唯心主义的神秘宗教观
念，即天命观念。

产生于夏，盛行和发展于商、周两代的天命观念，是一种传统的宗
教观念，认为天是有意志的人格神，宇宙的最高主宰。它不但决定人间
的历史进程，特别是由谁掌握统治天下的大权，而且也是人间道德的终
极根源和是非善恶的最高仲裁者。春秋战国以后，很多儒家思想家接受
并发展了这一思想，逐渐建立起一套比较完整的封建政治思想体系，成
为封建统治的有力的思想工具。在思想史上，庄子向以儒家的反对者和
批判者著称，但如果深入考察就会发现：庄子对儒家的批判主要集中在
礼乐制度和封建道德观念上，而对传统的天命观念，不但没有进行深刻
的批判，而且在一些方面还受到其影响，例如，从上面引用的那句话中
就能够依稀看到天命观念的阴影。

---

① 关锋《庄子内篇译解和批判》，中华书局，1961年，第195页。

　　自然现象千变万化，纷纭复杂，即使是在今天很多现象也未能完全得到正确的解释，何况是数千年前的先秦时代呢？可以想象，关注自然，对自然充满了极大兴趣的庄子面对这一切会感到怎样的困惑和迷茫！在当时的历史条件下，解除这些困惑和迷茫的办法之一就是求助于传统的宗教观念。在人们所接触的各种事物中，唯有高深莫测的天更适合纾解人们的宗教情怀和渴望，于是，包括天命观念在内的种种有关天的宗教观念便渗入到人们的意识中。这就是说，在科学的阳光照射不到的黑暗之处，宗教思想观念便会乘虚而入。由此不难看出，在庄子对于变化莫测的大自然的认识中，掺杂着一些唯心主义的神秘思想观念是丝毫不足为奇的。

　　在我国哲学思想史上，"天"从周代有意志的人格神，宇宙的最高主宰，到春秋战国时代作为指称自然的一个概念，是漫长的历史演变的结果。如前所说，庄子文章中"天"具有二重意义，既指自然实体，又保留着传统天命观念的阴影，其本身即呈现着矛盾状态，这一事实恰恰说明这一演变过程尚未完全结束。

　　以上两节从庄子以"万物"和"天"分别定义自然出发，结合具体例证分析了庄子对自然认识中的两种相互对立的思想：着眼于自然实体物质性的唯物主义思想和以传统宗教观念为主的唯心主义思想。正是它们决定了庄子自然观的内在矛盾和庄子对自然认识的复杂性特征，而这一切归根结底都是春秋战国时代思想矛盾的体现（详见前言）。

第六章
对自然的认识

　　庄子对于自然的认识，主要是指庄子对于自然的外在形态和内在性质的认识。除此之外，还有一个问题，即庄子是如何按照自然的本来面貌记述自然的，属于认识自然的方法论问题，与认识自然，揭示自然的性质特征有直接关系。无论是从中国看还是从世界范围看，庄子对于自然的记述在人类认识自然的历史上都有其独特的成就和价值，并且直到今天对我们仍有一定的启发意义，值得认真加以总结，故一并于本章论述。

（一） 自然存在的丰富性与多样性

　　自然万物林林总总，千姿百态；性质不一，功能各异；孕大含深，变化莫测；呈现出明显的丰富性与多样性特征。不要说地球之外广阔无垠的空间和天体，也不要说地球之上随时随地发生的物理变化和化学变化，单是迄今存活于地球上的生物种类的数量，据德国生物学家胡贝尔特·马克尔统计，就有一千万至一千五百万种之多。[①]迄今为止，人类所认识的生物物种只是沧海之一粟，而庄子著作中所涉及的生物物种与今人相比，当然又显得微乎其微。虽然如此，从庄子所处时代的历史条件和认识能力出发来看庄子文章中所涉及自然存在物，应当说，数量和种类还是相当可观的。因此，历史地看，还是应当充分肯定庄子在一定程度上揭示了自然的丰富性和多样性特征。

　　先秦时代，对自然万物存在还没有类似于近代科学分类的观念，

---

① 见狄特富尔特为《人与自然》一书所写的《导言》，三联书店，1993年，第9页。

更没有形成科学系统和范畴，所以，庄子通过自然存在物阐释哲学思想问题时也就不可能就系统、范畴和类属做概括的分析，而只能就个别物种做随机说明。正是因为如此，庄子著作中才能大量涉及各种各样具体的动植物，如猿猴、虎、豹、麋鹿、牛、马、猪、狸（即猫）、狌（shēng，即黄鼠狼）、偃鼠、鼷(xī)鼠、鸱鸦、雉、鸠、鹪鹩(jiāoliáo)、斥鷃(yàn)、带（即蛇）、冥灵（即龟）、蟪蛄（jíjū，即蜈蚣）、蟪蛄、蜩（即蝉）、螳螂、蚊、虻、鹏、鲲、鱼、鳛（即泥鳅），以及松、柏、楸、桑、桂、漆、栎、椿、梨、橘、柚、草、朝菌等等，在当时的历史条件下，应当说，所涉及的生物种类是相当丰富的。其中有不少生物不仅仅只是提到其名称，而是具体写了其形态、习性和特点。例如："绝云气，负青天"上飞九万里的大鹏与"腾飞而上，不过数仞而下"的斥鷃；"不知晦朔"的朝菌、"不知春秋"的蟪蛄与"以五百岁为春，五百岁为秋"的冥灵等等。从各种动植物在性状、体能、本领以及寿命长短的强烈反差中，可以清楚地看出自然存在物之间的巨大差异。

此外，在庄子心目中，人也是物，也是自然的一部分，①所以，在自然物的对比中也把人包括进去。比如《齐物论》中说："民湿寝则腰疾偏死，鳛然乎哉？木处则惴慄恂惧，猿猴然乎哉？……民食刍豢，麋鹿食荐，蟪蛄甘带，鸱鸦嗜鼠……"大意是说：人在潮湿之处睡觉就会腰疼甚至偏瘫，泥鳅也是这样吗？人在高树之上就会惊恐不安，猿猴也是这样吗？……人吃牛羊猪狗之肉，麋鹿专吃各种草类，蜈蚣爱吃小蛇，猫头鹰和乌鸦却爱吃老鼠……这些随手拈来的动物（包括人）彼此之间差异很大，充分反映出不同动物在生活习性和食物习惯方面不同的特点。这些例证，在今天看来已经成为妇孺皆知的常识，并没有什么值

---

① 《人间世》：夜里，匠石梦见栎社树对他说："……若与予也皆物也……"（……你和我一样都是物……）另外，庄生梦蝶，蝶梦庄生，庄生与蝶相互转化等等，都可以证明庄子把人也看成物。

得好奇的，但在数千年前的上古时代，则完全是另一回事。

除生物而外，庄子著作中还涉及很多天文、地理、水文、气象方面的自然现象，并对其中的部分现象做了比较详尽的说明和解释。例如，对于风遇到不同物类发出的不同声音的描绘就是如此：

夫大块噫气，其名为风。是唯无作，作则万窍怒呺。而独不闻之翏（liú）翏乎？……激者，謞（xiào）者，叱者，吸者，叫者，譹者，宎(yǎo)者，咬者，前者唱于而随者唱喁(yóng)，泠(líng)风则小和，飘风则大和，厉风济则众窍为虚。而独不见之调调之刁刁乎？（《齐物论》）

这段话的大意是说：大地吹出来的气，叫做风。这气不吹出来则已，一吹出来则无数的孔窍都会怒吼起来。你没有听见过狂风怒吼的声音吗？……（这些从孔窍中发出的声音）有的像急流冲击声，有的像飞矢声，有的像呵斥声，有的像喘息声，有的像喊叫声，有的像嚎哭声，有的像悠远山谷发出的深沉之声，有的像悲伤哀婉的叹息之声。前面的风如放声高歌，后面的风如呼应相合。小风小声相合，大风大声相合。大风住了，大小孔窍随之寂静无声；（但）小风还在吹着，（这时）你难道没看见草木还在摇曳吗？这段文字中，除了对于风形成的原因认识有错误之外，就对风和风声的描绘来看，不仅真实、具体，而且非常全面，大有把所有不同的风声囊括殆尽之势。可以说，就其观察之具体细致和描绘的生动形象来看，即使是在今天也很难做到。

总而言之，先秦时代没有任何一个哲学家和思想家能够像庄子那样，把大自然的森罗万象的无限丰富性、多样性和差异性做如此充分的展示。

（二） 自然万物的统一性和运动状态

庄子不仅对自然的外在形态有一定的认识，更为突出的是他对于自然内在性质特征的把握。

在庄子看来，自然万物的纷纭繁复，千差万别，都属于经验世界的外在表象，如果从内在性质看，它们都统一于道，彼此之间具有高度的统一性。他说：

> ……举莛与楹，厉与西施，恢恑（guǐ）憰(juè)怪，道通为一。

大意是说，一切小草和大柱，丑妇和美女，以及所有稀奇古怪、荒诞不经的事物，（虽然彼此外在差别很大，）但从"道"的角度看，完全可以通而为一。就是说，无所不在的"道"完全可以超越事物的差别和界限，成为事物的共同本质。既然自然万物都是"道"的体现，"道"当然便成为它们统一的基础，也就是"多样的存在基于道而呈现了内在的统一性"[①]。在道家学说中，"道"是包括自然万物和社会事务在内的一切存在的最后根源。

在庄子看来，自然万物之间既相同又不相同：

> 自其异者视之，肝胆楚越也；自其同者视之，万物皆一也。（《德充符》）

[①] 杨国荣《庄子的思想世界》，北京大学出版社，2006年，第60页。

结合庄子的思想，这句话可以理解为：就事物的外在形态看，可以说是千差万别，但从其本质和根源上看，却是完全一样的。

这说明，庄子认为自然万物的外在多样性与内在统一性都是其重要特征。

除了多样性和统一性之外，庄子还认为自然万物不是处于静止状态，而是始终处于变化过程中。在庄子看来，变化是自然万物存在的普遍状态。庄子把事物变化的多种不同形式称之为"万化"。

　　　　若人之形者，万化而未始有极也。（《大宗师》）

这是说人的形体的变化是没有穷尽的，永远处于变化的过程中。在这句话的后面，庄子又说："死生存亡之一体"，肯定了人从出生、成长直到死亡是一个完整的发展变化过程，这个过程随时随地都在进行，永远不会停止。生长是如此，由生向死的转换也是如此：死亡本身也是一个变化的过程。所以，当子来"喘喘然将死"之际，他的朋友子犁不让子来的妻子哭，怕的是惊扰了子来的变化。总之，在庄子看来，人的一生身体的变化是一个完整的过程，死亡则是这个变化过程的继续和必然结果。

庄子认为，人虽死了，但变化并没有停止，还在继续变化。子来死了以后，子犁对着他的尸体说："伟大的造化呀，又要把你变成什么呢，把你送到哪里去？是变成老鼠肝吗？是变成虫子爪吗？"可见，庄子所说的发展变化不只是人的生老病死，还包括其他各种发展变化。关于物质运动的普遍性特征，庄子做过这样的概括：

　　　　其分也，成也；其成也，毁也。凡物无成与毁，复通为一。（《齐物论》）

这句话的大意是：自然万物的运动形式由分化到合成，又由合成转化为毁坏，而无论是合成还是毁坏，就变化来说却是完全一致的。显然，庄子的这个认识是符合唯物主义观点的："整个自然界，从最小的东西到最大的东西，从沙粒到太阳，从原生生物到人，都处于永恒的产生和消灭中，处于不断的流动中，处于无休止的运动和变化中。"[①]这说明，庄子已经朦胧地认识到自然万物都处于"分"—"成"—"毁"的永恒过程中，也就是前面所说的变化是事物存在的普遍状态。

从古至今，人类认识自然有两种视角：一种是静态的视角，将自然看成万物的总汇；一种是动态的视角，将自然看成一个发展变化过程。庄子则将这两种视角结合起来，既初步肯定了自然万物的物质性特征，又朦胧地认识到物质存在的运动状态，从而在一定程度上反映了自然的本质特征和本来面貌，对于推动我国古代认识自然、探索自然起了积极的作用。

毋庸讳言，庄子对自然性质的认识也存在明显的历史局限性：

1. 肯定自然存在物质性特征的基本观点不彻底

庄子虽然认为自然是万物的集合，初步肯定了自然存在的物质性特征，但在谈到自然万物的统一性问题时，却把自然存在的物质性完全撇开，而认为自然万物统一于"道"，把"道"作为自然万物统一的基础。他认为"道"是宇宙万物的共同本质和最后根源，这种最后根源的观念，[②]"是一种超越感性认知和理智推求的关于某种世界总体、永恒的实在的思想观念"。将自然万物的统一性建立在这一观念的基础上，不但不符合客观实际，而且与他所肯定的自然万物是物质性存在的观点自相矛盾。事实上，自然万物的统一性建立在什么基础上与对世界本质特征的把握，应当是完全一致的。唯物主义认为："自然界的物质统一性原理就是确认自然界的统一性在于物质性，承认无穷多样的自然现象背

---

① 恩格斯《自然辩证法》，人民出版社，1984年，第15页。
② 崔大华《庄学研究》，人民出版社，1992年，第125页。

后都有统一的物质基础。"①自然万物正是由永恒运动的物质构成，而这才是千汇万状、变化莫测的自然万物统一性的内在原因和真正基础。庄子一方面肯定自然万物的物质性特征，一方面又认为自然万物统一于抽象的"道"，从而使自己陷入了尖锐的思想矛盾中，严重削弱了他的关于自然本质的唯物主义观念，并为唯心主义思想留下了余地。

2. 对于自然万物运动状态的把握比较狭窄

由于先秦时代生产力发展水平较低，极大地限制了人们的眼光，使庄子在观察自然万物的运动状态时未能面对广大世界，而是局限在一个狭小的范围内。本来，一切物质都处于永恒的运动状态中，没有运动，物质也就不可能存在，换言之，运动是物质存在的根本条件。而物质运动的形式繁多复杂，按大的系统大致可以分为物理的、化学的和生物的三种形式。但庄子的注意力多集中于物质运动的生物形式，在生物形式的变化中又主要集中于人体的变化和死亡，而对物质运动的另外两种形式，即物理形式和化学形式以及其他的生物形式，则基本上没能顾及。所以，庄子虽然对于自然万物的发展变化有所认识，但却不够全面和深刻。这固然与当时科学技术发展水平落后以及庄子哲学注意的重点在于人生问题有关，但毕竟不能遮蔽对于自然万物运动理解的狭隘性。

（三） 自然的蓬勃生机和强大生命力

大自然是一个包容着亿万生命的集合体，一个充满生机与活力的永恒不息的巨大的生命系统。面对这个具有无限发展潜力的生生不息的广大世界，庄子像其他很多哲学家一样，也力图揭示其中的奥妙。在这方

---

① 柳树滋《大自然观——关于绿色道路的哲学思考》，人民出版社，1993年，第29页。

面，他的思考主要涉及两个问题：自然具有怎样的蓬勃生机与活力以及为什么具有这样的生机与活力。

作为人类生存家园的大自然不是沉寂、死灭的客观实体，而是活生生的物质存在。大自然中的一切生物，无论是参天拔地的巨木还是依地而生的小草，也无论是直击长空的大鹏还是深藏地穴中的小鼠，各自都是一个完整的生命过程，并按其本性而自在生存，不但表现出顽强的生命力，而且反映着自然的秩序与和谐……对于大自然的这一本质特征，限于历史条件和科技发展水平，庄子不可能有深刻的认识，更不可能有理论阐述，但从他对自然万物的具体记述中，却能给我们这样的感受。这说明，庄子对自然存在物的记述潜在地包容着这样的思想因素。先看庄子对于作为社树的栎树的记述：

> 其大蔽数千牛，絜（xié）之百围，其高临山，十仞而后有枝，其可以为舟者旁十数。

大意是说：（这棵栎树）很高很大，可以给数千头牛遮阴，量一量树干有百围粗，树身齐山高，好几丈以上才有枝干向四周延伸，其中可以造船的枝干就有十来根。这里，通过树冠硕大、树高齐山和枝干粗壮可以造船等等形象具体的描绘，凸显了这棵栎树的非同一般的高大，充分展示出其强大而旺盛的生命力。再看《逍遥游》中对于大鹏的记述：

> 鹏之徙于南冥也，水击三千里，抟（tuán）扶摇而上者九万里，去以六月息者也。野马也，尘埃也，生物之以息相吹也。天之苍苍，其正色邪？其远而无所至极邪？其视下也，亦若是则已矣……绝云气，负青天，然后图南……

这段话的大意，第一章《庄子的空间观念》第一节《关于抽象空间观念》中已有翻译，请参阅，这里不再重复。这几句话中虽然有艺术夸张成分，但从总体看却是十分真实的，不但有力地反映出大鹏在海阔天空中飞行的真实情景，而且表现出大鹏矫捷劲健、雄视万里的气势，从而赋予大鹏以强烈的内在精神。像上面说的栎树一样，这种内在的精神和气势正是大自然强大旺盛生命力的体现。而大鹏对于苍茫寥廓高空的感受则微妙地传达了庄子对于具有无限生机与活力的大自然的强烈好奇与向往。

除此之外，庄子在写到某些生物时，往往顺便写其生存方式、习性和活动特点。例如："决起而飞，抢榆枋而止"的蜩与小鸠，"腾跃而上，不过数仞"的斥鷃，"卑身而伏，以候敖者，东西跳梁，不辟高下"的狸、狌（以上见《逍遥游》），为避"矰弋之害"而高飞的小鸟，为避"熏凿之患"而深藏的鼹鼠（以上见《应帝王》），以及凶猛暴烈的老虎和"怒其臂"的螳螂（以上见《人间

栎树参天拔地，展示着强大而旺盛的生命力。

世》），等等。其中有的生存条件恶劣，有些面对严重威胁，有的具有进攻性，有的没有进攻性，但不管具体情况如何，它们都能以适合自己的特殊方式应对环境，使自己生存下来，并求得不断发展。"生存下来者仅为有生活能力者……如今天活着的形态适合，并不奇怪；因为，若非如此，早就该消亡了。"大自然就这样顽强地创造出一个又一个的生命奇迹，并最终使自己成为一个具有无限生机与活力的生生不息的大生命系统。

除此之外，庄子认为大自然的蓬勃生机和强大生命力还突出表现在持续不断的"生成"和"创生"能力上。庄子运用我国古代"阴阳化生"的思想来解释生命化育过程，认为大自然的发展变化正是"生成"和"创生"的结果，而这不仅是大自然孕育生命和化生万物的生生不息特征的反映，而且也是大自然充满蓬勃生机与活力的内在原因。（关于"阴阳化生"和"生成"、"创生"思想以及有关问题，与下一节密切相关，为了论述方便，那里一并论述。）

（四） 人是自然之子

对于一般的哲学家来说，人与自然的关系往往是他的哲学思想的不可或缺的组成部分。这是因为自然只有在人类诞生以后，才从潜在的存在变成现实的存在，从而也才真正具有意义。没有自然，人类不可能诞生，也无法生存；没有人类，自然作为潜在的存在，根本不具备价值的前提。自然与人类的关系就是这样的密不可分，所以，思想深刻的哲学家在思考自然性质特征时都会或多或少地涉及这个问题。

对于这个问题，庄子的回答很明确：自然孕育了人类，人是自然之子。庄子为这一论断主要提供了两方面的根据：

1. 自然是人类的母体，人是自然化育的结果

人的来源涉及生命的起源问题。生命起源是一个十分复杂的过程，自古以来就引起人们的极大的探索兴趣，直到今天，仍是现代生物科学研究的重要问题。限于科学技术和人类认识能力的发展水平，先秦时代不可能揭示生命起源的具体过程，至多只能是以思辨的方式提出一个大致的总体认识。在我国最早提出生命来源问题的是《周易》。《周易》认为生命来自自然，是自然化育的结果；而自然是通过阴阳化育了包括生命在内的万物。这就是我国古代有名的"阴阳化生说"：

> 天下万物，皆由阴阳，或生或成，本其所由之理，不可测
> 量之谓神也。[1]

阴阳是我国古代的基本哲学范畴，指相互对立的两种气或力量。"阴阳化生说"认为正是阴阳的相互作用导致了自然万物的发生和发展变化，并赋予大自然以无限的蓬勃生机与活力。十分明显，"阴阳化生说"以"运动的观点看待物质的转化、万物的生成，把事物的发展看作一个连续地变化着的过程，其理论意义是合理的、科学的"。[2] "阴阳化生说"对于生命的起源虽然没有（也不可能）进行具体的科学论证，但在认识方向和思想性质上无疑是积极和正确的。

从庄子的文章可以知道，庄子接受了"阴阳化生说"，并用这种思想观点解释人的来源问题和纷纭复杂的自然现象。这里有一个问题需要明确：《周易》提出的"阴阳化生说"是说万物的来源，而庄子要解决的是

---

[1]《易·系辞上·疏》，《十三经注疏》，中华书局，1980年，上册，第78页。
[2] 李烈炎《从阴阳化生说看我国古代自然哲学的缺陷》，吴国盛主编《自然哲学》第一辑，第103页。

人的来源，二者所指是否一致？其实，在庄子看来，这并不成为问题，二者完全一致，因为庄子认为人也是物，是万物之一。在《人间世》中，庄子借栎树与匠石的对话明确表达了这一思想。栎树对匠石说：

> 且也若与予也皆物也，奈何哉其相物也？而几死之散人，又恶知散木！

句中"予"和"散木"是栎树自指，"若"和"散人"是指匠石。庄子的观点诚如成玄英所说："汝之与我，皆造化之一物也，与物岂能相知！"[①]

万物来源于自然，而人是"造化之一物"，即万物之一，那么人来源于自然，是毫无疑问的。除此之外，庄子也用 "阴阳化生说"直接解释生命的起源。《大宗师》：

> 阴阳于人，不翅于父母。

就是说，人的生命是自然化育，即自然通过阴阳相互作用而导致的结果。这里，不但揭示了生命的来源，同时也揭示了人与自然之间的关系：自然与人的关系就如同父母与子女的关系一样。正是因为如此，庄子在文章中不止一次地把自然与人的关系比喻为父母与子女：

> 与天为徒者，知天子之与己皆天之所子……（《人间世》）

> 彼特以天为父，而身犹爱之，而况其卓乎！（《大宗师》）

---

① 成玄英《庄子疏》，见郭庆藩《庄子集释》，中华书局，1961年，第1册，第174页。

句中的"天"都是指自然。[1]结合前面庄子关于人是自然通过阴阳化育而来的论证，可以肯定这里所引的两句话都明确反映了庄子关于人是自然之子的观点。在庄子看来，人既是自然之子，那么人就应当像对待自己的父母一样亲近自然，爱戴自然。不止如此，庄子的融于自然，与自然为一的人生态度（详下一章），实际上也是建立在这种思想观点的基础上的。

总而言之，庄子运用"阴阳化生说"解释人的生命来源以及人与自然之间的关系，充分说明在这个问题上，庄子在一定程度上摒弃了神秘的宗教观念，[2]而坚持了唯物主义思想和科学精神，因而能够在一些层面上揭示大自然孕育生命和化生万物的生生不息特征以及大自然充满蓬勃生机与活力的内在原因。

2. 大自然为人类的生存和发展提供了必要的物质条件和基础

人类的生存和发展必须通过劳动实践亦即创造性的活动才能实现，而人的任何创造性活动都只能在一定的物质条件和物质基础上进行，这种物质条件和物质基础归根结底都是来自于大自然，大自然为人类提供了无比丰富的自然价值、经济价值以及其他各种价值。（参阅《自然资源的价值与生态智慧》一章。）庄子充分注意到人类的生存和发展必须依靠大自然养育的基本事实，并把这种养育称为"天鬻"。"天鬻"这一概念出自《德充符》。这篇文章在论述圣人对于世事的四种见解和态度时，打了一个意味深长的比喻：

---

[1] 今天我们所说的自然（即大自然、自然界），庄子多用万物和天指称，有时也用阴阳指称。

[2] 人是自然之子的观点闪烁着唯物主义思想光辉，可惜的是，在这个问题上庄子的唯物主义精神并不彻底。他在肯定人来源于自然的同时，又说："道与之貌，天与之形，恶得不谓之人？"（《德充符》）认为人来源于道。这反映了庄子思想的内在矛盾。

四者，天鬻也。天鬻者，天食也。既受食于天，又恶用

人！

如前所说，天指自然；鬻，养育。庄子是说圣人的四种见解和态度
都可以用来说明自然的养育问题。自然的养育，就是接受自然的供养。
人既然是靠自然的供养而活着，哪里还需要人为（指智慧、粘合、求取
和买卖）呢！①这里，庄子否定智慧和人为的作用，主张一切安于自然，
当然是错误的，实际上也根本行不通，但这几句话把人受自然的养育，
正是依靠自然的养育人才得以生存和发展的思想表达得十分明确。

庄子根据以上两个基本事实和原因，揭示了人在自然中的地位和人
与自然的关系，应当说是符合客观实际，理由也是比较充分的。至于其
结论，即自然是人类的母体，人类是自然之子，更是真知灼见，在极端
人类中心主义时有流行的古代，尤其显得难能可贵。

事实上，关于人类来源于自然，直接关系到人的自然本质。从世
界的范围看，在人的自然本质问题上，庄子的思想与费尔巴哈（Ludwig
Andreas Feuerbach，1804～1872年）具有某些一致之处。当年，这位
德国古典哲学家在针对宗教神学否定人与自然关系的谬论时特别指出：
"我憎恶那种把人同自然界分割开来的唯心主义，我并不以我依赖于自
然界而可耻，我公开承认，自然力不仅作用于我的表面，我的皮肤，我
的身体，而且也作用于我的核心，我的灵魂。"②这就是说，人的肉体和
作为思维器官的大脑都是自然的产物。从费尔巴哈的光辉思想，可以进
一步看出两千多年前庄子关于人与自然关系论述的历史进步性。

最后，应当指出的是，无论是庄子还是费尔巴哈，他们所说的人来
源于自然都是就人的纯粹自然本质而言，而人除了自然本质之外，还有

---

① 这四种见解和态度是："圣人不谋，恶用知？不斫，恶用胶？无丧，恶用德？不货，恶用商？"
② 《费尔巴哈哲学著作选集》，商务印书馆，1984年，下卷，第537页。

社会本质，人的社会本质则是人的社会实践的产物。

（五） 按自然的本来面貌记述自然

按自然的本来面貌记述自然，再现自然的本来面貌，在今天看来似乎很平常，根本算不上什么优长和成就，但在古代却完全不是这样，无论中外都不是这样，因为那时在很多情况下很难做到这一点。

庄子对自然的记述主要体现在对具体的自然存在物的记述。他的记述如何，前面举的那些例证，如对大鹏、鱼、树木、风和风声等等的记述足以说明问题。从那些例证可以看出，庄子对自然的记述不但真实具体，而且能够抓住特点，所以用墨不多，便将对象真实地再现出来，反映了庄子对于自然万物的巨大兴趣和观察的细致认真。不仅如此，更为突出的是，庄子对自然的记述没有任何想象虚构的成分，完全是按照自然本来的面貌如实反映，真正做到了还自然以本来的面貌。

如前所说，真实而准确地描绘大自然，也就是不掺杂任何想象的虚构成分，按自然的本来面貌反映自然在当时是很难做到的事情。在我国，先秦时代人们就知道"画鬼魅易，画人难"，说的正是这样一个道理。西方也有类似的看法。法国哲学家蒙田（Montaigne，1533～1592年）曾就描绘自然的问题发出过这样的感叹："究竟有谁能……将哺育我们的大自然的宏伟壮观的图景酣畅淋漓地描绘出来；有谁能在大自然的容貌上看到如此包罗万象如此经久不变的种种图景……"[1]可见具体真实，按自然的本来面貌描绘自然宏伟壮观的图景是一件多么困难和了不起的成就！

---

① 蒙田《散文集》，转引自卡西尔《人论》，甘阳译，上海译文出版社，1985年，第20页。

真实而准确，按自然的本来面貌描绘自然本来就十分困难，在宗教观念占主导地位的古代尤其如此。这是因为由于宗教观念的影响，人们在记述自然存在物时，很难彻底分清客观真实情况与有关的神话传说、故事之间的界限，所以在记述自然图景时往往是一并收录，形成了客观事实与想象的虚构成分二者的混同。这种情况无论是在古代中国还是在西方都是十分普遍的。

就我国古代来看，记述自然万物（主要是动物和植物）而多想象的虚构成分，当以"闳诞迂夸，多奇怪俶傥之言"①的《山海经》为最。例如《山海经》对于鸟兽的记述："有鸟焉，其状如雄鸡而人面，名曰凫徯，其鸣自叫也，见则有兵。" "有兽焉，其状如犬而人面，善投，见人则笑，其名山𤟤，其行如风，见则天下大风。""有兽焉，其状如狐，而九尾、九首、虎爪，名曰蠪侄，其音如婴儿，是食人。"②这几则材料所记动物自然界中根本就不存在，它们不但状貌怪异，多有想象的成分，而且被赋予预知未来的神性，把它们的出现作为"兵"（指战乱）、大风即将来临的征兆。这样把不同范畴、不同性质的事物毫无根据地联系在一起，超越自然，超越因果关系，表现出极大的主观随意性和荒谬性，这当然只能是宗教神秘观念和迷信思想主导下的想象和虚构。

西方古代也是如此。古罗马老普林尼的《自然史》关于动物的记载由于杂入了欧洲、亚洲和非洲的大量民间传说，使之"看起来像是寓言一样"③；后来被赋予神性的"怪兽"在欧洲尽管受到人们的质疑，但是其影响并未消失，加之宗教观念的影响，还是出现了"许多神秘动物"，如斯芬克司、萨梯、拉弥亚和龙（龙在欧洲被视为凶恶怪兽——

---

① 郭璞（276～324年）《注山海经叙》，见袁珂《山海经校注》，上海古籍出版社，1980年，第478页。
② 袁珂《山海经校注》，上海古籍出版社，1980年，第35、77、109页。
③ G·狄博斯《文艺复兴时期的人与自然》，周雁翎译，复旦大学出版社，2000年，第44页。

引者）等。[①]

可见，在对自然现象的记述和说明解释中掺杂进想象的虚构成分，把超自然的神奇威力赋予动物，使之神化，无论是在古代中国，还是在西方都是普遍存在的文化现象。由于自然存在物与宗教神话因素的结合，动物状貌变得奇特怪异，不伦不类，并被赋予稀奇古怪的名称，如上面所引的我国的凫徯、蠪侄，西方的斯芬克司、萨梯等等，以此显示其神奇不凡。

当然，从根源上说，神化动物有其久远的传统。原始时代，动物与人杂处而能力如体能、力量和机警等方面却胜于人，所以，在原始人眼中"每一动物都是比人更强的生命"[②]，为此而深感恐惧和神奇，并最终导致关于动物的神秘宗教观念的产生。进入阶级社会以后，统治阶级为了巩固自己的统治大肆渲染并利用这种观念，神奇怪异动物被大量制造出来。在这样的观念支配和影响下，按自然的本来面貌记述自然，实在是变得难乎其难了。这种情况一直延续下来，一直到庄子生活的战国时代还是如此，这可以从前面提到的《山海经》一书成书的下限就在战国时代这一事实得到有力的证明。[③]

从这样的历史背景和条件来看，庄子按自然的本来面貌记述自然实属难能可贵。其实，战国时代围绕鸟、鱼、树木和风等自然存在物（即庄子所写的那些自然存在物）流传着很多神话故事和奇闻异事，广学旁搜的庄子对这些不可能一无所知，但是，见诸于庄子文章的，除个别之处运用了艺术夸张手法之外，完全是如实记述，真正做到了还自然以本来面貌。这说明，庄子对他所采用的材料做了严格的鉴别和选择，将混杂或附着在自然存在物身上的种种宗教神秘因素和诬枉不实传闻一一剔

---

① 参阅上书，第43~50页。
② 弗兰兹·博厄斯(Pranz Boas，1858~1942年)《原始人的心智》，项龙等译，国际文化出版公司，1989年，第111页。
③ 学术界对《山海经》成书的上限存在争议，对成书的下限在战国时代基本没有争议。

除，使之得到一定的净化之后才写入文中。由此不难看出庄子对待自然的实事求是的科学态度。

英国著名学者李约瑟（Joseph Needham，1900～1995年）在他的《中国古代科学思想史》一书中曾引用过本章在《自然存在的丰富性和多样性》一节所引的庄子那段关于风声的记述，并做了如下的评论：

> 风是古人最感兴趣的现象，他们认为这是山林水泉之间精灵怪魅的活动，下面是庄子对于风声的写实……①

对照古代普遍流行的"精灵怪魅"之说，应当说"写实"二字是很高的评价。

---

① 李约瑟《中国古代科学思想史》，陈立夫主译，江西人民出版社，1990年，第61页。

第七章
对自然的态度

如何对待和处理与自然的关系，如同一个人如何对待自己的父母一样，是作为自然之子的人类——无论古今中外，也无论哪个国家和民族——都必须面对的问题。

如何对待自然是自然观的重要的基本问题之一，而自然观多取决于人们的生活方式和生活态度，既有鲜明的时代性，又有个人的特殊性。比较而言，在中外古代的哲学家中，庄子对于自然的态度及其内涵显得丰富而特色鲜明。正是因为如此，总结庄子如何对待自然的问题，其意义也就显得更加突出。

（一） 赞美和崇尚自然精神

自然的内在精神，指的是自然的本性，亦即自然万物的本然状态所体现的基本精神。赞美和崇尚自然精神是庄子对自然的态度的最主要内容之一。

在人与自然（如前所说，庄子有时称自然为"天"）相对而言的情况下，庄子常常不由自主地对自然精神发出了由衷的赞美：

> 眇乎小哉，所以属于人也；謷乎大哉，独成其天！（《德充符》）

大意是说：多么渺小呀，那归于人的属性；多么伟大呀，独特地保全自然的本性！这说明，庄子所赞美和崇尚的不是自然的表面现象，而是自然的本性，即自然的内在精神。

庄子认为，自然之所以伟大，就在于它的内在精神。按庄子的哲学思想，自然的本性正是人的取法对象，因此体现自然本性的生活状态才是理想的生活状态（详后）。这说明，庄子对于自然精神的热烈而由衷的赞美，以人的渺小衬托自然的伟大，完全是基于他的哲学思想，而不是偶然的感触和冲动。

那么，庄子观念中的自然精神究竟是指什么呢？

从上一章的论述可以知道，自然万物作为物质性存在不可能有什么精神（如果把人也视为自然的组成部分，那么，这里所说的自然万物应当把人除外），而只有通过具体现象反映出来的性质特征。这是现代人的认识，但古人认识事物的方式不完全是这样。受时代历史和认识发展水平的限制，庄子还不可能从整体和本质上认识自然，而只能从他生活中经常接触的具体事物的感性特征出发予以把握。例如，庄子通过乘风直上九万里的大鹏与不能高飞的蝉、小鸠和斥鷃的对比，寿命千万年的冥灵、大椿与不知晦朔的朝菌和不知春秋的蟪蛄的对比，[①]以及人与泥鳅、猿猴、麋鹿、蜈蚣、猫头鹰和乌鸦的对比等等，朦胧认识到自然万物各有自己的特点和存在方式。在他看来，自然万物正是以自己的本然状态和真实面貌存在于世，而没有任何虚伪和矫饰，所谓的自然内在精神正是从这一类的生动事例中概括、抽象出来的。具体说来，主要有以下两点：

自然精神的第一个特点是真实和质朴。庄子《人间世》：

为人使易以伪，为天使难以伪。

大意是说：被人为的东西所驱使容易作伪，被自然所驱使难以作伪。这充分说明在庄子心目中真实、质朴与自然的关系。

自然的第二个特点是自然而然。真实的东西不会夹杂虚伪和矫饰，

---

① 见《逍遥游》。

当然是自然而然。这一点与上面说的第一个特点彼此之间是表里关系：真实质朴是就内在性质而言，自然而然是就外在形态而言。这一认识可以从庄子下面的话得到证明：

> ……已而不知其然，谓之道。（《齐物论》）

大意是说：……遵循自然而行而不知其所以然，就是道。"已而不知其然"的状态不正是自然而然的状态吗？老子所说的"道法自然"也可以证明这一点，道取法于自然中的"自然"显然不是指自然实体，而是指自然的状态，即自然而然。[①]所以，自然的本然状态就是自然而然。

既然真实质朴，自然而然是自然的内在精神和本性，人效法自然就应当像自然那样真实质朴地处世，自然而然地生活，这样才能达到理想的生活状态。

上述庄子关于自然内在精神和本性的两点认识，从今天的认识高度来看，当然远远说不上对于自然本质特征的把握，而只能说是对自然万物性质的某些侧面有所认识和了解。虽然如此，它所包含的正确因素却是不能否定的。这是因为这些认识据以得出的前提，即前面所说的自然万物各有自己的特点和存在方式是完全正确的。专门从事自然研究的法国科学家霍尔巴赫(Holbach，1723～1789年)明确指出："自然中的一切都是按其存在方式和特有的本质而活动的……"[②]这说明，庄子对于自然的自然精神和本性的理解确实具有一定的真理性。

在庄子的哲学思想中，自然的内在精神在很多情况下是相对于人为事物而言。他在《德充符》中说："既受食于天，又恶用人？"人既然是靠自然养育，哪里还用得着人为的努力？圣人就不需要智慧、道德、

---

① 王载源《论庄子的自然主义》，黄山文化书院编《庄子与中国文化》，安徽人民出版社，1990年，第306页。
② 霍尔巴赫《自然的体系》译者管士滨序，商务印书馆，1964年，第20页。

通商、不与人斗……①由此可以看出，庄子所说的人为事物主要包括以下两个方面：

一个是改变自然状态的人为努力，如人的智力和作为等等。

为了说明以人的智力和作为改变自然状态的悖谬和愚蠢，庄子在《应帝王》的最后讲了一个有关浑沌的故事：

> ……南海之帝为儵（shū），北海之帝为忽，中央之帝为浑沌。儵与忽时相与遇于浑沌之地，浑沌待之甚善。儵与忽谋报浑沌之德，曰："人皆有七窍，以视听食息，此独无有，尝试凿之。"日凿一窍，七日而浑沌死。

浑沌是古代神话中的人物，其状如黄囊，无面目。南海之帝儵和北海之帝忽为报答其善待之恩，商量为他凿七窍，让他像人一样能看、听、饮食和呼吸。他们一天为浑沌凿一窍，到第七天七窍都已凿好，浑沌却死了。故事以凿七窍致浑沌于死地的不幸结局，说明不顾具体情况，以人的智力和作为改变自然形态，不但于事无补，反而会导致巨大的灾难②，进而说明保持真实质朴、自然而然的理想的生活状态的重要。

另一个是礼乐制度、社会道德和功名利禄等世俗观念。

庄子认为，正是礼乐制度、社会道德和功名利禄观念等人为的东西，破坏了人的真实自然的理想生活状态和人的美好品德。他借孔子的话说：

> 内直者，与天为徒……外曲者，与人为徒也。擎跽（jì）曲拳，人臣之礼也，人皆为之，吾敢不为邪！……（《人间世》）

---

① 参阅《德充符》中"故圣人有所游"一段。

② 浑沌的故事作为寓言，也可以理解为寓意"'有为'之政给人民带来的灾害"。见陈鼓应《庄子今注今译》，中华书局，1983年，第211页。

大意是说：内心正直，是以自然为榜样（表现出自己的真实状况）……表面恭敬随顺，是以人为榜样，执笏折腰跪拜，行人臣之礼。大家都这样做，我敢不这样做吗？

这里一方面肯定了以自然为榜样使人品德美好（"内直"与真实质朴、自然而然是完全一致的），一方面揭露了与自然相对的礼乐制度、社会道德和习俗对于人性的扭曲，使人变得虚伪和卑贱，从而揭露了其反动落后的一面。

庄子的这种观点，正如冯友兰所说："把属于自然和属于人的东西严格区分：一个是自然的，另一个是人为的。自然令人快乐，人为给人痛苦。"①可见，庄子不仅是一般地赞美和崇尚自然精神，更把自然精神作为一种思想武器，用以对抗礼乐文明统治下人性的异化，即人的淳朴自然的美好品质的丧失，从而批判了礼乐制度、社会道德和功名利禄观念的虚伪、腐朽本质。

（二） 与自然为一，融入自然

如前所说，庄子赞美和崇尚自然，主张以自然为榜样，学习自然的内在精神，这样才能使人彻底摆脱世俗社会的一切虚伪和矫饰，不断提升自己的修养境界。 既然在庄子思想中自然是与世俗社会相对而言，那么，与自然为一，融入自然，对于庄子来说也就具有双重的意义：就个人的生活态度来说，是其赞美和崇尚自然精神逻辑发展的必然结果；就其与现实的关系来说，则意味着对现实的疏远和否定。"与自然为一，体现的是人的存在形态。"②如前所说，这种形态正是庄子心目中的理想

① 冯友兰《中国哲学简史》，天津社会科学院出版社，2005年，第18页。
② 杨国荣《庄子的思想世界》，第216页。

的存在形态和生活方式。

在庄子看来，人生有太多的痛苦和灾难（详见《齐物论》"一受其成形，不化以待尽"一段）。庄子认为，人生之所以如此，完全是礼乐制度、伦理道德和功名利禄观念束缚的结果。因此，要摆脱苦难，实现精神的彻底自由就必须打破这种束缚，到世俗社会之外去寻找出路：

圣人不从事于务，不就利，不违害，不喜求，不缘道……（《齐物论》）

大意是说：圣人不从事世俗之事，不追求私利，不逃避祸害，不喜欢有求，不拘泥于道术。庄子笔下的圣人就是摆脱礼乐制度、伦理道德和功名利禄观念束缚的典型，这当然是庄子的伪托，实际上完全是庄子自己的观点。摆脱了世俗社会和有关观念的束缚，到哪里去寻求自由和快乐呢？庄子在《齐物论》中给出的答案是：

游乎尘垢之外……

"尘垢之外"即摆脱了世俗观念束缚的社会现实之外。如前所说，在庄子的观念中，世俗社会是与自然相对而言的，那么，摆脱世俗观念束缚的社会现实之外，所指当然就是自然。

这一点，庄子在《大宗师》中论及"游方之外者"（即超越世俗社会和有关观念束缚的人）孟子反、子琴张的处世态度时有进一步的说明：

茫然彷徨乎尘垢之外，逍遥乎无为之业，……

这是说，他们这些"游方之外者"毫无牵挂地神游于尘世之外，逍遥于无为之中。那么，什么是毫无牵挂地神游于尘世之外，逍遥于无为之中？庄子在《应帝王》中做了具体解释：

> 无为名尸，无为谋府，无为事任，无为知主。体尽无穷，
> 而游无朕。尽其所受乎天，而无见得，亦虚而已。

原来"茫然彷徨乎尘垢之外，逍遥乎无为之业"，就是放弃求名的欲望，放弃计谋的智慧，放弃承担的事务，放弃认识的决断。尽力领悟事物变化的深刻道理，逍遥于尘世之外。尽量保持所秉受的自然本性，而不显露一己之所得，这不过是虚怀而已，没有什么值得炫耀的。总而言之，就是摆脱世俗观念束缚，远离世俗社会，而与自然为一。

庄子把摆脱世俗观念束缚，远离世俗社会而亲近自然，叫做"与天为徒"而不是"与人为徒"，即与自然同类，做自然的亲密伴侣，而不是与人同类，在世俗社会起落沉浮。接下去，在这篇文章中又做了如下的说明：

> 圣人将游于物之所不得遁而皆存。善夭善老，善始善
> 终……安排而去化，乃入于寥天一。

大意是说：圣人将逍遥于世与万物共存，平和地看待少看待老，安顺地看待生命的开始和生命的终结……依从自然的安排顺应其变化，就可以进入与自然万物同一的境界。显然，这就是融入自然，与自然为一的生活形态。

从与自然为一的生存状态上来审视人世，对于成败得失、贫富穷达、生老病死等世事的变化，就会保持平和而宁静的心态。他在《德充符》中对这种心态做了比较具体的说明：

> ……是事之变，命之行也。日夜相代乎前，而知不能规乎

其始者也。故不足以滑和，不可入于灵府。使之和、豫、通，而
不失于兑；使日夜无却，而与物为春，是接而生时于心者也。

这是对于一个人彻底摆脱世俗社会和有关观念的束缚，心身与自然
为一，融入自然，从自然中找到寄托和慰藉以后的内心宁静和精神自由
的写照。"当一个人理性地把自己的存在和一种永恒的、无所不包的存
在整体结合在一起，理智地感受到他个人的存在也是一种无限之时，胸
襟就会变得宽广起来。在这个高远的位置上，来审视人世，得丧祸福，
穷达贫富也就无足萦怀了，世俗的纷扰也就化成心境的宁静。"①

总而言之，庄子是把自然作为与礼乐等级文明统治下的现实相对立
的广大世界和净土，把走进这个世界和净土，亦即亲近自然作为疏远丑
恶现实或与之对立的手段，因此，庄子的与自然为一，融入自然本身就
具有深刻的内在矛盾：

一方面，赞美自然、崇尚自然精神，充分反映了作为自然之子，人
类对于自然母亲生与俱来的依恋和热爱，体现着人类淳朴、真挚的感情
和美好、善良的人性。当这种感情和人性受到黑暗现实的残酷摧残和扭
曲时，庄子为了保持内心情怀的纯真和人性的完美，愿意以回归、融入
自然，与自然为一，作为对于现实的反抗。这反映出庄子在充满苦难和
焦虑的人生旅途中，为精神寻找寄托与归宿，为心灵寻找理想的家园，
以实现心灵的自由和精神的超越，所做的巨大努力。

另一方面，庄子在社会生活中，不愿正视现实，回避矛盾，对生活
采取了消极的态度。因此，庄子所提倡的与自然为一，融入自然，也是
为了疏远现实，为保全个人而寻找避风港。

---

① 崔大华《庄学研究》，人民出版社，1992年，第158页。

（三） 认识事物特点，把握自然规律

在人与自然的关系中，除了涉及处世态度和人生哲学，如上一节所讲的与自然为一，融入自然的生活态度之外，更多的情况属于人类生存所必须面对和解决的实际问题，如人的养生以及动物的饲养、保护和屠宰等等。这些问题多属于自然科学领域。在这个领域，庄子的主张也十分明确，那就是从理性的高度认识事物的性质、特点和本质，把握事物发展的客观规律，以便顺利解决生活实践中的各种问题；而违背事物发展的客观规律，就只能遭到彻底失败。

《养生主》中庖丁结合宰牛所发的一番议论十分清楚地说明了认识事物性质，把握自然客观规律的重要性。[①]庖丁在总结自己的议论时说了这样一句话：

　　　　臣之所好者道也，进乎技矣。

大意是说：我所爱好的是事物的内在规律，对事物内在规律的爱好超过了对于技术的追求。内在规律不是凭着感性知觉所能掌握的，这一点庖丁十分清楚，所以接下去他特别指出他对牛的认识有一个从感性到理性的发展过程："始臣之解牛之时，所见无非全牛者"，显然这是获得整体表象的感性认识阶段，而"三年之后，未尝见全牛也。方今之时，臣以神遇而不以目视，官知止而神欲行"，由表面的整体概貌到对局部具体问题的深入了解，这时不再是通过感官而是以"神遇"和"神行"，显然是达到了掌握其内在特征的理性认识阶段。由于庖丁掌握了

---

① 这里所说的自然规律，是指庄子所认识的某些关于自然的内在道理，而不完全等同于现在我们所说的反映自然本质特征的客观规律。

牛的骨骼肌肉和内脏器官的生理特点和构造，所以宰牛进行得十分轻松、顺利：

> 依乎天理，批大郤（此读xì，通"隙"），导大窾
> （kuǎn），因其固然，枝经肯綮之未尝微碍，而况大軱（gū）
> 乎……彼节者有间，而刀刃者无厚，以无厚入有间，恢恢乎其
> 于游刃必有余地矣。（《养生主》）

大意是说：按照牛的生理组织结构，用刀劈进筋骨间的缝隙，引入骨节间的空当，根据牛的天然结构运刀，所以，就连经络纠缠筋肉连结之处也没有任何妨碍，何况那么大的骨骼呢？牛的骨节总是有空隙的，而刀刃却很薄，以很薄的刀刃伸进骨节的空隙，当然是宽宽绰绰，随意运刀而有余地了。

接着，庖丁还说，掌握了牛的生理特点和构造，不但宰牛轻松顺利，而且屠刀也得到了很好的保护，长期使用竟如同新刀一样。"庖丁解牛"的故事就这样形象地说明了要顺利解决实践问题，就必须从理性上认识事物本质，把握事物的客观规律。

接着，庄子从这个角度讲了两个生活实践方面的问题：

第一，关于人的养生问题。

在先秦时代的哲学家和思想家中，庄子是最为重视养生问题的人，他为此所写的专论《养生主》以及在其他文章中的有关论述即可证明这一点。

文惠君在听了庖丁就解牛问题所发的那番高论之后，大为赞赏："善哉！吾闻庖丁之言，得养生焉。"文惠君所首肯的养生的要诀，就是文章开头所说：

　　　　为善无近名，为恶无近刑。缘督以为经，可以保身，可以
　　全生，可以养亲，可以尽年。

　　大意是说：做好事就会接近名誉，做坏事就会接近刑戮，（因
此，好事、坏事都不要做，）一切遵循自然之道为常法，就可以保护
自身，保全本性，颐养生机，尽享天年。[①]

　　这里庄子彻底否定了善恶的本质区别，主张无论善事还是恶事
都不要去做，反映了他的消极无为的思想，当然是完全错误的。这些
我们暂且不去管它。从另一方面看，庄子把养生置于属于道德、法律
范畴的善、恶、名、刑之上，将感性生命作为首要的关注对象，反映
出对于生命的珍重，这是值得充分肯定的。（详见下一章第一节《对
个体生命的珍重》。）就具体的养生方法来看，他主张养生应当以遵
循自然之道为总体原则，这里的自然之道包括调养方法和身体变化情
况。就是说，养生既要符合身体的生理规律，又要符合饮食起居的生
活规律。可以说，遵循自然之道养生，是完全符合科学精神的。

　　在《德充符》中，以庄子与惠子的对话对这一点有进一步的说明：

　　　　庄子曰"……不以好恶内丧其身，常因自然而不益生
　　也。"惠子曰："不益生何以有其身？"庄子曰："道与之
　　貌，天与之形，无以好恶内伤其身。"

　　大意是说："不要以不合理的好恶损害自己的本性，要按照自然规
律生活，不要靠人为地增益什么来养生。"惠子说："不靠人为地增益
什么养生，怎么能够保全自身呢？"庄子说："道赋予人容貌，自然赋

_____

① 这几句这样译，可参看欧阳景贤等《庄子译释》，湖北人民出版社，1986年，上册，第61
页。

予人形体，（既然人的一切都是自然赋予的，所以，）就不要以不合理的好恶（也就是人为地增益什么）损害自己的本性。"可以看出，这里所讲的不但与《养生主》中所讲的养生道理完全一致，即遵循自然之道养生，而且解释了其根据：人来源于自然，因此要按自然之道养生，而这正是养生的规律。

第二，关于动物的饲养、保护和屠宰。

由于庄子时代的生产力发展水平及其所决定的生活条件的限制，动物的饲养、保护和屠宰对于那时人们的生活来说，远比对于现代人生活关系密切和重要，所以庄子举这方面的事例比人的养生问题还要多，还要具体。除了前面所说的牛的屠宰之外，庄子还讲了饲养老虎和马的问题。

老虎凶残暴烈，要使它驯服，必须根据它的天性和生活习惯精心饲养。《人间世》说得很具体：

> 不敢以生物与之，为其杀之之怒也；不敢以全物与之，为其决之之怒也；时其饥饱，达其怒心。虎之与人异类而媚养己者，顺也；故其杀之者，逆也。

大意是说：（善于养虎的人）不敢拿活的动物喂它，担心捕杀活物引发它凶残暴烈的天性；也不敢拿整个的食物喂它，同样是担心撕裂食物引发它凶残暴烈的天性；（应当）掌握它饥饱的时间，了解它容易发怒的习性。老虎与人不同类，但却驯服于善于喂养它的人，是因为顺着它的习性；而老虎伤人，则是因为违逆了它的习性。

接着，庄子又讲了一个违逆马的习性而使马受到惊吓的故事：

　　夫爱马者，以筐盛矢，以蜃（shèn）盛溺。适有蚊虻仆缘，而拊之不时，则缺衔毁首碎胸。意有所至而爱有所亡，可不慎邪！

按照老虎的习性精心喂养，老虎才会驯服。

　　大意是说：有个爱马的人，用竹筐去接马粪，用祭器盛马尿。正巧有蚊虻附在马身上叮咬，而（爱马的人）拍打不及时，马受刺激就会咬断嚼子，毁坏辔头，弄断胸带。爱马人的用意虽好，但爱护的却不是地方，（结果导致马受刺激而发狂，这样看来，）养马能不慎重吗！

违逆马的习性养马，本出于爱而结果适得其反。

以上三个故事，一个宰牛，一个喂虎，一个养马，都是有关动物的故事，涉及动物的生理构造、天然习性和生活特点以及有关屠宰、饲养和保护的知识，庄子通过它们说明做事情符合自然规律，就会轻松自然地获得成功（如庖丁解牛），相反，如果违背自然规律，虽有好心却干坏事而招致失败（如外行喂虎、爱马），这样就从正反两个方面总结了认识自然规律的重要性。尽管限于当时科学发展水平，人们的认识能力还很有限，但人们对于某些领域的自然规律还是能够把握的；更为重要的是，我们从中可以看到庄子对于认识自然规律的重视以及所做的积极努力。

当然，庄子讲这三个故事不单单是着眼于自然科学和相关技术本身，更重要的还在于阐释他的人生哲学：只有顺应自然，因任自然，才能安时处顺，才能获得人生的自由，与自然融为一体，适性地生活。这样的生活才是他心目中的理想的生活方式和生存状态。

第八章
对生死的认识和态度

　　生、死是人生的两端。从个体生命"被抛掷"①到这个世界，直到他最后离去，经历了由生的起点到达最后的终点，才是完整的人生。一方面，从生到死是每一个人都必须面对和经历的过程，因此，生死是一个极为普通和平常的事情；另一方面，生死既是自然现象，又不同于一般的自然现象，而与诸多社会领域密切相关，因而又是一个极为复杂的问题。特别是死，不只具有自然意义，更有多方面的社会意义，尤其显得突出：死，由存在的现实走向空茫的"另一个世界"，恐惧感和神秘感伴随着超验世界的荒诞想象油然而生，死因此也与宗教结下了不解之缘。更为重要的是，死作为人生的终结，涉及生命的意义和人生价值，所谓"人固有一死，或重于泰山，或轻于鸿毛"（司马迁《报任安书》），由此而与人生目的以及人的理想信念、道德精神、功名成就等等密切相关。因此，人生以及生与死的丰富、深邃内涵自古以来就引起了中外哲学家的极大兴趣，并做了多方面的探索，提出了各式各样的人生哲学和对于生死的观点。庄子是先秦时代对生死和人生问题思考和探索最多、最为深刻的哲学家之一。一方面，他提出了很多为其他哲学家所忽视的问题，并做了深刻而卓异的探索，把先秦时代对于这个问题的认识提到了新的高度，推进了古代哲学的发展；另一方面，他的思想又受传统观念，诸如原始宗教观念等唯心主义思想的影响，使他对于生死和人生问题的认识流于荒诞，并在整体上呈现着矛盾状态。

---

① 鉴于个体生命获得的偶然性，存在主义者把人之生看做是"被抛掷"。

（一） 对个体生命的珍重

在先秦诸子中，就对人的生存状况的关注来看，庄子以其对于个体生命的珍重而迥别于儒家。这个原则性的区别，完全是由于他们价值观的对立。儒家价值观关注的是人的社会存在和社会价值，主张通过修身、齐家、治国、平天下实现人的价值。庄子恰好相反，他看重的是个体生命在宇宙中的存在和绝对的精神自由。要达到这样的自由，就必须彻底摆脱礼乐制度、功名利禄观念的束缚，也就是通过远离社会现实，使精神超越功利、世俗乃至自我，达到真正的自由。[①]庄子对于个体生命的珍重正是建立在这样的价值观的基础上的。把握这一点，是正确认识庄子对于人生和生死观点与态度的前提。

对于个体生命的珍重，必然要十分重视作为人的存在开始和终结的生与死。对此，他在《德充符》中有直接的表述："死、生亦大矣！"充分肯定了死、生是人生的一件极大的事情。应当特别指出的是，表示对于生死的重视，在其他学者的著作中也会不时看到，但他们对生死的重视与庄子不同：一般说来，他们多是在与宏伟壮丽目标相联系的情况下，如"杀身成仁"、"舍生取义"等等，也就是在"重于泰山"的语境中表现出对生死的珍重，而庄子对于个体生命的珍重，完全是就生命价值本身，而不与任何其他价值相联系，也就是为生命而生命。简言之，其他学者看重的多是生命以外的价值，庄子看重的是个体生命价值的本身。

在庄子看来，珍重生命就是珍重生命的存在，而生命是有限的，只能在有限的时间范围内存在；那么，生命的时间范围的最佳值在哪里

---

① 参阅赵沛霖《两种人生观的抉择》，北京大学学报，2008年，第3期。

呢，也就是生命应当存在多少时间为最佳呢？对此，庄子给出了明确的答案："终其天年"。他说：

> ……知人之所为者，以其知之所知，以养其知之所不知，终其天年而不中道夭者，是知之盛也。（《大宗师》）

这段话的大意是说：知道人为的作用的，就能够根据智慧所获得的知识，使自己安处于陌生的世界，尽享天所赋予的寿命而不致于中道夭折，这才是最有用处的高明知识了。

庄子把能够使人尽享自然寿命，避免意外亡身的知识，赞叹为"知之盛"，也就是认为这样的知识胜过一切其他知识，诸如治国知识、礼乐知识、为臣知识、谋财知识等等。在诸多知识中庄子对于尽天年的知识评价最高，正是基于对个体生命的珍重。所以，使人尽天年的知识最为宝贵这个命题，实际所蕴涵的思想正是生命最为宝贵，即个体生命比治国、礼乐和财富更为宝贵。可以看出，庄子正是通过知识价值的比较，把个体生命价值提高到前所未有的高度。

既是要珍重生命，尽享天年，当然就要强调养生、保身和全生，为此，庄子特别写有《养生主》阐释养生的意义和途径。此文开篇第一段就对此做了简要的概括，即上一章所引的"为善无近名，为恶无近刑。缘督以为经，可以保身，可以全生，可以养亲，可以尽年"一段话。（这段话的大意上一章有翻译，请参阅。） 在这段文字中，庄子特别把"名"、"刑"与个体生命置于宇宙自然大背景的语境下加以对比，认为"名"、"刑"都是身外之物，一个人为人处世既不要受功名利禄的诱惑，也不要受刑法礼俗①的束缚，只有遵循自然之道行事，才能保身、全生，尽享天年。显然，这里把保身、全生，尽享天年"置于较道德与法律义务更为优先的地位……不是伦理和法理，而是感性生命，构成了

---

① 刑，本指刑法、刑戮，这里泛指刑法、道德、礼俗和各种人为的束缚。

关切的首要对象"①。

那么，如何保身、全生和尽享天年呢，也就是应当在什么样的生活状况下尽天年呢？换言之，什么样的生命状态才是理想的状态呢？关于这个问题，在《养生主》的后一部分，庄子意味深长地讲了一个寓言故事：

> 泽雉十步一啄，百步一饮，不蕲畜乎樊中。神虽王，不善也。

"雉"是野鸡；"蕲"是"祈"的假借字；"王"是"旺"的假借字。这段话的大意是说：草泽中的野鸡觅食十分艰难，要走十步才能吃到一口食，走百步才能喝上一口水。但它并不祈求被养在笼子里。那样，虽然不愁吃喝，却不自在快乐。

这则故事说明荣华富贵但不自由的处境与不受束缚、精神快乐的生活相比，后者更值得追求，十分清楚地反映了庄子的价值取向。

雉宁可自己艰难觅食，也不愿被关在笼子里——自由是生命存在的理想状态。

---

① 杨国荣《庄子的思想世界》，北京大学出版社，2006年，第202页。

十分明显，本章所说的生命的理想状态与上一章所说的与自然为一，融入自然，是基本一致的，只是角度有所不同而已：一个是就理想的生命状态而言，一个是就对自然的态度与自然的关系而言。就庄子的思想逻辑来看：只要与自然为一，融入自然，摆脱了一切世俗社会和有关观念的束缚，也就是进入了理想的生活状态，生命自然也就获得了自由。

综上所述，庄子珍重个体生命，不但主张通过养生以"尽天年"，而且认为要精神快乐，自由自在地活着。

（二） 生死是自然的变化过程

由生而死是生命发展变化的一个完整的自然过程这一命题，是一个闪烁着唯物主义光辉的卓越思想，是经过自古至今无数科学家、思想家、哲学家反复探索所得出的科学结论，体现着千百年来科学发展的重要成果。那么，对这个问题，庄子提出了怎样的思想观点呢？

首先，庄子肯定了生、死都是自然现象，是生命变化的过程。在这个问题上，方外人士（指超越礼乐和世俗的人）的观点完全代表了庄子的观点。方外人士 "以生为附赘、悬疣，以死为决疣（huàn）溃痈（yāng）"（《大宗师》）。意思是说，方外人士把生看做是身上长了赘瘤，把死看做是身上的毒疮溃破。把生命比作赘瘤、毒疮，虽说是一个蹩脚的比喻[1]，但就其所蕴含的发生、发展和结束的过程来看，应当说，在一定程度上还是体现了生命是一个由生至死的发展变化过程的性质和意义。

---

[1] 事实上，庄子以同属一类的赘瘤、毒疮为比，意在说明其思想观点：生、死没有什么区别，因而也不应以生为喜，以死为悲。

更为重要的是，庄子认为由生至死的过程是生命的常态，并有其自然规律。他在《大宗师》中说：

> 死生，命也，其有夜旦之常，天也。人之有所不得与，皆物之情也。

天，即自然，这里指自然规律。这段话的意思是说，人的生死，是命中注定的，就像昼夜永恒交替一样，也是自然规律的表现。这种情况是人所不能干预和改变的，事物的真实情况就是这个样子。

这段话中，命运观念与自然规律混淆在一起，为了论述的便利，我们先说其符合科学思想的一面，后面再集中分析其思想局限性的一面。

这里，庄子把人的由生至死看成一个过程，好比"夜旦之常"，这充分说明庄子不但把生死看成是纯粹的自然现象，而且是自身具有规律性变化的结果，具有客观的必然性，就像白天过后黑夜到来一样。十分明显，这完全符合客观实际和科学精神。

生命既是一个自然变化的过程，人死当然就意味着这个过程的结束，那么，人死以后又如何呢？他的去向在哪里呢？在宗教观念占统治地位的古代，对这个令人感到神秘和恐怖的问题，给出了各种各样的答案，庄子通过一件具体事情也给出了自己的答案。

一个叫子来的人患重病即将死去，他的朋友子犁来看望他，见子来的妻子和孩子在子来的身边悲伤地哭泣，就对他们说：

> 叱！避！无怛化！

大意是说：快走开！不要惊动他的变化！然后又对子来说：

> 伟哉，造化！又将奚以汝为，将奚以汝适？以汝为鼠肝

乎？以汝为虫臂乎？

大意是说：伟大的造化呀！又要把你变成什么东西呢？把你送到哪里去？是把你化为鼠肝吗？是把你化为虫臂吗？

从子犁对子来和他的妻子的话可以看出以下两点：1.肯定了由生到死是生命的自然变化过程；2.无论是变为鼠肝还是变为虫臂，都属于自然万物的范畴，而"万物"正是庄子对于自然的称呼。[①]所以，庄子的话实际蕴涵着人死以后又回归自然的思想。这里，庄子没有像一般宗教所宣扬的那样，认为人死以后到了另一个世界，或是上了天堂、下了地狱，而是提出了另一种完全不同的观点：不是去到超验的彼岸世界，而是回归了自然。只要与有关的宗教观念做一简单的对比，就不难看出庄子关于生命结束以后的去向所体现的鲜明的唯物主义精神。

正是因为庄子把生死看成是符合自然规律的生命变化过程，人死以后不是到了彼岸世界，而是回归自然，所以，在他看来，生死都是自然变化，彼此没有什么区别。他说："善吾生者，乃所以善吾死也。"（《大宗师》）意思是说，认为生是好事，也就应当认为死也是好事。

庄子的这些思想观点，即肯定由生至死，最后回归自然，是生命过程的必然和自然变化的结果，都属于自然现象的范畴，在科学史和哲学史上具有重要意义。它有力地批判了宗教的荒谬，消解了死亡的神秘和对死亡的恐惧，这当然有助于科学精神的发展，具有历史进步性。

但是，庄子以此为基础进一步推论，却得出了一个惊世骇俗的结论：死与生一样，都是好事，就陷于荒谬了。诚然，从生死都是生命变化，都属于自然现象的意义上看，生死的性质和意义确实有其一致之处，但生命诞生与死亡的变化机理完全不同，结果也各异，这是

---

① 详前第一章《关于自然的定义与指称》第一节《以"万物"定义自然》。

一方面。另一方面，作为现实中的人，其生死除了自然性质之外，更有广泛的社会内涵和意义，而在这方面，生与死是完全不同的。庄子否认生死的差别，像他否认善恶、是非、贵贱的差别一样，都是他的"齐万物而为一"的相对主义哲学的反映。这种哲学，否定事物的差别和认识事物的客观标准，只能走向怀疑主义和虚无主义，因此是完全错误的。[①]

（三） 对死亡的态度

上一节简述了庄子对于生死的认识和观点，这一节来说庄子对于死亡的态度。一般说来，观点和认识决定态度。庄子对于死亡的态度与他对死亡的观点和认识完全一致。

既然生死都是自然现象和生命过程的必然，所以生不必喜，死不必忧，无论是生是死，都安然处之，顺其自然。这种态度，庄子借秦失的话来说就是"安时而处顺"（《养生主》），即安心适时，顺应自然。庄子对于生死，特别是对于死的这种态度，主要通过三个具体故事表现出来。这三个故事，两个出自《大宗师》，一个出自《养生主》。先说《大宗师》中的两个故事：

第一个故事：子桑户、孟子反、子琴张三人是亲密无间的朋友。后来，子桑户死了，居丧期间，孔子闻知，便派子贡前来帮助处理丧事。子贡来到子桑户家，只见他的两位朋友孟子反和子琴张不但不悲伤，反而兴致很高，一个编曲，一个弹琴，相互唱和。子贡不解，便走上去问道："请问，二位这样面对死尸唱歌，合乎礼仪吗？"孟子反、子琴张相互望了望，笑着说："像你这样的人怎么知道礼仪的真意呢？"子

---

① 参考北京大学哲学系中国哲学教研室编《中国哲学史》，2001年，第84~88页。

贡回去以后，便问孔丘："他们的行为真是怪异，他们究竟是些什么人呢？"孔丘回答道："他们是超越世俗，不受礼仪束缚的人。"

第二个故事：颜回向他的老师孔丘问道："鲁国有一个叫孟孙才的人，他的母亲死了，他哭时没有眼泪，心中毫不悲伤，守丧期间也不哀痛，这些都不符合礼仪，而他却以善于处理丧事闻名全国。世上还真有无其实而有其名这样的事吗？我真感到奇怪！"孔丘听了后，给他详细分析了人们认为他善于处理丧事的原因。

第三个故事：老聃死了，有一个叫秦失的人前去吊唁，大声哭了三声就出来了。老聃的弟子问道："您难道不是我们老师的朋友吗？"秦失答道："是的，是朋友。"老聃的弟子又问："既然是朋友，这样吊唁合乎礼仪吗？"秦失说："可以的。"接着，他说了一番大道理。

可以看出，以上三个故事中的主人公孟子反、子琴张、孟孙才和秦失在对待死亡和处理丧事的问题上，具有共同的特点：对待死亡，不但不悲伤，有时甚至表现出喜悦之情；对于丧事的处理，不拘于世俗礼仪，虽然不被人理解，甚至受到责难，也不会改变。

那么，孟子反、子琴张、孟孙才和秦失等人为什么对死亡不感到悲伤，甚至喜悦呢？这当然不是偶然的，而有他们的理由。从那三个故事后面孔丘和秦失的分析说明中，可以知道其理由大体如下：

1. 针对老聃弟子的责怪，秦失说："适来，夫子之时也；适去，夫子顺也。"适，适宜，合宜。这句话的意思是说，该来时，老聃应时而生；该去时，老聃顺势而死，一切都顺其自然。既然如此，我们也就应当"安时而处顺"，即安心适时，顺应自然，大可不必为了礼仪和世俗陋习而勉强悲哭。

2. 子丧户死后，孟子反和子琴张说他是"反其真"，真即自然（详第五章第一节《以"万物"定义自然》的有关注释），"反其真"即复归自然，复归自然是生命的合理而正常的归宿，因而没有理由悲伤。所以，老聃死后，秦失哭了三声就出来了，理由是"不蕲（qí）哭而哭

者，是遁天倍情"，意思是：本来不想哭却哭了的，是违背自然和真情的。

前面说的三个故事以及故事中的孟子反、子琴张、孟孙才和秦失等人，都是庄子杜撰的，不一定实有其人其事。他们对待死亡的态度和所述说的理由，完全代表的是庄子的态度和观点。

庄子本人的行为，如他对自己妻子之死的态度也足以证明这一点。在《庄子·外篇》中，有一篇《至乐》即记载了这件事：

> 庄子妻死，惠子吊之，庄子则方箕（jī）踞(jù)，鼓盆而歌。

大意是说：庄子的妻子死了，庄子的朋友惠子前来吊唁，只见庄子坐在地上，一边敲着盆子一边唱歌。

惠子对庄子的行为大为不解，庄子针对惠子的责怪，发了一通议论，说明自己的理由。这则故事与前面所说的三则故事的思想内容完全一致，同样可以说明庄子对于死亡的态度。

（四） 自然规律与命运必然性的纠缠

以上几节所述庄子对生命的珍重，把生死认定为自然现象和生命的发展变化过程等，体现了庄子的科学精神和对生命以及生死的正确认识，具有突出的历史进步性。当然，这只是就其主要方面和基本内容而言，除此之外，不容否认的是，其中也包含着一些荒谬和落后的思想因素。例如，庄子在说明生死是自然规律，由生至死是生命变化的必然结果时就掺杂着命运观念，使不以人的意志为转移的客观规律与命运的必然性相纠缠。科学思想与宗教观念同处一体，使庄子对生死的认识在整体上呈现着矛盾状态。

命运观念是一个复杂而神秘的宗教观念，广泛渗透于古代人们的生产、生活的各个领域，影响广泛而深刻。作为先秦时期哲学家的庄子，也未能与它完全脱离干系。有些学者唯恐承认庄子未能摆脱命运观念的影响会贬低庄子，便极力否认这一点。例如，本文前面所引的对于"死生，命也，其有夜旦之常，天也"的解释就是如此。有的学者把文中的"命"解释为与"天"同义，指的都是体现自然规律的必然性，这是完全错误的。这里的"天"确有此意，但"命"指的就是命运，即一种冥冥中被超自然的神秘力量所决定的必然性。按照命运观念，对于命运的必然性，人们的反抗根本无济于事，而只能服服帖帖地接受和服从。十分明显，这样的一种必然性与自然规律所体现的必然性根本不属于同一范畴，完全是风马牛不相及的两回事。

庄子所说的命是指命运，而与自然规律根本无关，完全可以从庄子文章本身得到证明。首先，庄子所说的命所体现的必然性，不单单是指自然变化，除此之外还包括连同人生问题在内的诸多社会生活的变化，如贫富、穷达、成败、得失等等。例如，《大宗师》中写了一个贫穷不得志，最后陷于困境的一个叫子桑的人，他在对于自己艰难处境百思不得其解的情况下，发出了这样的感叹：

……求其为之者而不得也。然而至此极者，命也夫！

大意是说：……究竟是什么使我如此贫困，实在是想不明白。然而，我到此绝境，只能是命运的安排了。

又如在《德充符》中借孔丘的话说：

死生、存亡、穷达、贫富、贤与不肖、毁誉、饥渴、寒暑，是事之变，命之行也。

大意是说：死生、存亡、穷通、贫富、贤与不贤、毁誉、饥渴、寒暑，所有这一切都是事物的变化，也都是命运运行的结果。

以上两个例证，前者所说的贫富、穷通都属于社会现象，而后者则是社会现象、自然现象二者兼有。这可以说明庄子所说的命不单是指自然规律的必然性，而是自然现象、社会生活现象两个不同范畴的必然性兼而有之。"庄子思想中的'命'作用范围相当广泛，不仅决定了人的生死自然大限，而且制范着、预定了人的一生在社会生活中的伦理关系和贫富穷达的遭际。"①

命运的必然性是内在的，但却往往通过偶然性而表现出来，即是说，命运是蕴含于偶然性中的必然性，这是命运观念的又一基本特征。这一点在庄子的命运观念中表现得也十分清楚。他在《德充符》中讲命运时特别举了这样一个例子：

> 游于羿之彀（gòu）中，中央者，中地也；然而不中者，
> 命也。

羿，又称后羿，中国古代神话传说中的善射者，曾将天上的十个太阳射下九个，为初民彻底消除了烈火炎热之灾。上面引文的大意是：游走进后羿的射程之内，中间的地方正是必中的地方；然而侥幸没有被射中，那也是命呀。

后羿的箭法虽好，但总有意外射不中的时候，这也是必然性，但这种必然性是通过偶然的意外而成为现实。庄子所举的这个例子恰恰说明这种偶然中的必然就是命运。通过偶然的意外而实现了的必然，更加突出了必然性所体现的神的意志不可改变，因而更强化了其权威性和神秘性。

---

① 崔大华《庄学研究》，第144页。

关于命运的必然性特征以及人对命运必然屈从的关系，庄子曾用"大戒"二字加以说明：

> 天下有大戒二：其一，命也；其二，义也……无所逃于天地之间。是之谓大戒。（《人间世》）

大意是说：天下有两个根本大法：一个是命；一个是义。普天之下走到哪里都摆脱不了这二者，所以，才称之为"大戒"。

戒的本意是命令，"大戒"是指体现了神的意志的天的命令，人是绝对不能违抗的。可见，庄子把命运视之为"大戒"，是更加强调了命运所体现的必然性特征，也就是说，命中注定的东西，是体现神的意志的"大戒"，无论如何都是无法改变的。

与庄子大约同时代的孟子（约前372～前289年）对命运有着大体相同的认识。他说："莫之致而至者，命也。"大意是：有些事情（指生死、祸福、贫富、成败、得失等等）没想让它来，却意外地来了，这就是命运。①可见，孟子也是强调命运的不为人所左右的必然性，基本精神与庄子完全一致。这说明，庄子对于命运的理解并非偶然和孤立现象，而有其时代性的认识根源。

十分明显，庄子所说的"命"所体现的神的意志所决定的必然性，与不以人的意志为转移的客观规律所体现的必然性，分别属于两个完全不同的思想范畴，一个属于宗教，一个属于科学，二者根本对立，水火不能相容。然而，庄子却将它们生硬地牵扯在一起，比如前面引用的"死生，命也，其有夜旦之常，天也。人之有所不得与，皆物之情也"就是如此：既承认生死像昼夜交替一样，是自然规律，又说生死有命，

---

① 杨伯峻先生将这句话译为："没有人叫他来，而竟这样来了的，便是命运。"见《孟子译注》，中华书局，1960年，第223页。

非人所能认识和决定。对于生死变化这同一个现象，既从自然规律的角度加以说明，又用命运观念进行解释，科学思想与宗教观念掺杂在一起，形成了深刻的思想矛盾。这说明庄子虽然注意到生死变化的必然性，但却未能认识到这个必然性决定于什么，而只得求救于神，将它归之于神所决定的命运。

事实上，必然性不是决定于外力，更不是决定于神，而是事物按其自身规律发展的结果；人们通过社会实践完全可以认识这一规律，从而掌握自己的命运。由于历史局限性，庄子还不可能真正认识到这一点，这必然会削弱科学思想和唯物主义精神，并为唯心主义思想留下余地。

第九章
自然资源的价值与生态智慧

　　人与动物一样，都依赖于大自然而生存；不过，作为具有自觉能动性的人是通过创造性的活动，也就是通过劳动实践从自然索取，与动物单纯依赖大自然的恩赐完全不同。但是，人的任何创造性活动和劳动实践都只能在一定的物质条件下和物质基础上才能成为现实，而所有物质条件和物质基础归根结底都是来自于大自然，没有大自然的慷慨奉献，这一切都无从谈起。

　　事实说明，大自然与人的关系是客体满足主体需要的关系，因而也是一种价值关系。所谓价值，是指客体能够满足主体某种需要的用途和作用，不同事物满足主体的不同需要形成了不同的价值关系。

　　对于人来说，大自然不但具有自然价值，即自然万物中能够直接满足人生存和发展需要的价值，而且还具有经济价值，即经过加工改造自然物满足人的生存和发展需要的价值。

　　没有大自然这个对象世界的存在，作为对象性存在物的人也就根本不可能存在。

　　庄子对于自然的价值及其与人类生存的关系做过很多思考，提出了很多深刻的见解，诸如对于自然价值的分类，如何合理地利用自然资源，如何变无用为有用以及如何达到人类生存和发展与环境之间的平衡等等，充分反映了庄子的生态智慧。这些对于我们今天正在进行的生态文明建设仍有重要的借鉴意义。

（一）　肯定自然价值的思想前提

　　自然的价值问题不仅是关乎人类生存的实际问题，而且由于涉及人的本质和价值观念，因而也是一个重要的哲学问题。或许是自然的恩赐过于慷慨，或许是人类的索取过于容易，久而久之，在对自然价值的认识上形成了盲区：自然养育人类天经地义，亘古如此，没有什么值得惊奇，更无需进行反思；所以，这个直接关乎人类生存的重要问题，在古代竟没有引起人们的关注，有关的研究少之又少。中外古代的价值哲学不可谓不多，但研究的多是社会政治伦理和有关人生理想的价值问题，而在自然价值的问题上却留下大片的空白。例如，我国先秦时代，诸子百家的价值哲学就是如此：以孔子为代表的儒家持有道德至上论，认为崇高的道德和人格才是最高的价值，精神追求比物质追求更为重要，为了实践道德追求和人格理想，舍弃财富甚至生命也在所不惜。有的学者因此称之为"内在价值论"。墨家不尚虚华，强调实用；对于属于精神范畴的道德，也从功用的角度加以肯定。由于墨子（约前478～前392年）崇尚公利的功用价值，有的学者因此称之为"功用价值论"。法家代表人物韩非（约前280～前233年）崇尚权力，主张治国要靠严刑峻法，而认为道德无用，完全否定了道德的价值，这是一种"狭隘功用"的价值论。②

从以上所述可以看出先秦时代诸子对于社会政治、伦理道德和人生理想的价值问题的高度关注和积极探索，相比之下，对于自然及其价值以及有关的社会人生问题，则显得兴趣索然：这方面的论述或告阙如，或语焉不详。"两汉以后，儒家的价值观占据了统治地位，成为中国文化的主导思想。儒家肯定人的价值，强调道德的重要，这对于封建时代精神文明的发展起过巨大的作用。"①与此同时，儒家对于有关自然价值问题的忽略也深刻影响着后代，形成了古代哲学价值观的缺失和不足。

总而言之，儒家、墨家、法家等诸家的价值哲学，形成了古代一系

---

① 以上对儒家、墨家和法家价值论的评断引自张岱年《中国古典哲学的价值观》，见《张岱年学术论著自选集》，首都师范大学出版社，1993年，第523页。
② 张岱年《张岱年学术论著自选集》，第524页。

列关于政治、伦理、道德以及审美等诸多方面的价值观念，而唯独把大自然的价值问题束之高阁。

不只中国古代如此，文艺复兴以前的欧洲也是如此：那时，"一般说来，人文主义者不关心研究自然。彼得拉克说，自然物'即使是真实的，对于幸福生活也是无关紧要的，因为如果我了解到兔类、蛇类等动物的本性，而忽视或蔑视人的本性，人生的目的，人的起源和归宿，那对我又有何用呢？'"①他们甚至"把自然的研究与人文科学对立起来"，以致"文艺复兴时期的新的自然观"只能寻求"人文科学以外的途径发展起来"。②

可见，在这方面中西古代的情况基本相同。

事实上，自然的价值问题不是孤立的，而与另一个重要问题，即对于人在自然中的地位，亦即人与自然关系问题的认识和理解密切相关。这是因为后者恰恰是前者的思想前提，就是说，能不能正确认识自然的价值，首先决定于能不能正确认识和理解人在自然中的地位。

如果不能正确认识和理解人在自然中的地位，那么也就根本不可能提出，更不可能正确把握自然价值的问题。

遗憾的是，人类在认识人在自然中地位的问题上走了很大的弯路，从现代的思想高度回顾这段历程，总结其教训，对于理解庄子的有关思想及其意义也许会有某些帮助。

古代中外很多哲学家、思想家和宗教对于这个问题都提出过自己的观点。

先说外国。基督教的《圣经》以宗教故事的形式明确表达了对于人在自然中的地位和自然与人关系的思想观点：认为上帝不但创造了万物（即大自然），而且也创造了人，而人是他按照自己的样子创造的，因

---

① 赵敦华《西方哲学简史》，北京大学出版社，2000年，第261页。
② 同上书，第261页。

此，人在自然中处于特殊的地位：人优于万物，先天地具有管理和支配万物的权力。这十分清楚地说明，在西方"人类统治自然的观念首先来自基督教教义"[①]，这一思想对西方乃至世界都产生了巨大的影响。

近代，随着生产力的不断发展和资产阶级登上历史舞台，在新的历史条件下，人类占有和征服自然的欲望空前高涨。作为这一现实在哲学思想上的反映，英国思想家弗兰西斯·培根（Francis Bacon，1561～1626年）提出了人类中心论。他说："如果我们考虑终极因的话，人可以被视为世界的中心；如果这个世界没有人类，剩下的一切将茫然无措，既没有目的，也没有目标，如寓言所说，像是没有捆绑的帚把，会导向虚无。因为整个世界一起为人服务；没有任何东西人不能拿来使用并结出果实。星星的演变和运行可以为他划分四季、分配世界的春夏秋冬。中层天空的现象给他提供天气预报。风吹动他的船，推动他的磨和机器。各种动物和植物创造出来是为了给他提供住所、衣服、食物或药品的，或是减轻他的劳动，或是给他快乐和舒适；万事万物似乎都为人做事，而不是为它们自己做事。"[②]按照这一思想，人是大自然的至高无上的主人，而大自然的一切都不过是供人役使的奴仆。

古代东方也存在这样的思想，早于培根一千九百多年前，我国古代大约与庄子同时代的孟子就提出过："万物皆备于我矣！"宋代有人解释说："孟子言人之生也，万物皆备足于我矣！"[③]结合宋人的解释，可以知道孟子话的大意是：自然万物就是为供人享用而存在，人生来就是享用它们的。可以看出，孟子的话虽很简单，但却把培根的思想包揽无余：孟子的话与培根的人类中心论如出一辙，都是主张人是大自然的至高无上的主人。

---

① 吴国盛《自然哲学的复兴——一个历史的考察》，见其主编《自然哲学》第一辑，中国社会科学出版社，1994年，第25页。
② 弗兰西斯·培根《古代的智慧：普罗米修斯》，转引自吴国盛主编《自然哲学》第一辑第25～26页。
③ 《孟子注疏·尽心上》，见《十三经注疏》，中华书局，1980年，第2764页。

以上无论是《圣经》教义，还是培根、孟子的思想，都在宣扬人类生来就是自然的统治者，万物存在的意义就在于满足人的要求和欲望，理所当然地任其主宰，供其役使。十分明显，这些思想观点都在程度不同地宣扬人类中心主义。

与这种人类优于自然万物，先天地拥有统治自然的思想相反，庄子提出了人是自然之子的观点（详第六章《对自然的认识》《人是自然之子》一节），不但肯定了人来源于自然，将人类置于与自然万物平等的地位，而且肯定了自然对于人类的"供养"之恩，因此应当对自然抱着敬畏和亲近的态度，如同子女对待父母一样，从而打破了"人类中心论"。十分明显，正是这一点使庄子基本上具备了肯定自然价值的思想前提。

（二） 自然为人类生存和发展付出了沉重代价
——人类生存和发展与环境之间的矛盾

特别突出的是，庄子不但肯定了人是自然之子，而且更注意到自然为她的这个"后代"所付出的沉重代价。像人类为了抚育和培养自己的子女要付出必要的人力、物力和财力一样，大自然为了人类的生存和发展付出的东西更多更广。庄子从这一点出发，进而提出了一个对于人类来说具有普遍意义的重要问题：人类生存和发展与环境之间的矛盾，即人类生存所必须面对的基本矛盾。

庄子根据自然万物是否能够直接满足主体的需要，也就是根据是否具有价值把自然万物分为两种："有用之用"和"无用之用"。所谓"有用之用"是指对人有用的自然物，这种自然物因为能够满足主体的某种物质需要而具有价值；所谓"无用之用"正好相反，是指对人（暂

时）没有用的自然物，这种自然物因为不能满足主体的物质需要而不具
有价值。[1]

"有用之用"和"无用之用"之说出于《人间世》：

> 山木自寇也，膏火自煎也。桂可食，故伐之；漆可用，故
> 割之。人皆知有用之用，而莫知无用之用也。

这段话的意思是：山上的树木是自己招致侵害，膏火是自己招致煎
熬。桂树的果实因为可以吃，所以遭到砍伐；漆因为可以用，漆树所以
才遭刀割。世人只知道有用的用处，却不知道无用的用处。

除了桂树、漆树之外，作为"有用之用"的例子庄子还举过楸树、
柏树和桑树。他说这些树都是"有用之用"：当它们一两握粗的时候，那
些想找木橛拴猴子的人就把它砍了；长到三四围粗的时候，盖房需要栋梁
的人就把它砍了；长到七八围粗的时候，那些想找大木材作棺材的富人就
把它砍了……通过这些例子，庄子意在说明：这些树木之所以"未终其天
年，而中道之夭于斧斤"，就是因为它们是"有用之用"。

而"无用之用"则没有这种忧患。关于"无用之用"，他举了栎树
作为例子。他说：栎树是"散木也，以为舟则沉，以为棺椁则速腐，以
为器则速毁，以为门户则液樠（mán），以为柱则蠹。是不材之木也，
无所可用，故能若是之寿"（《人间世》）。这段话的意思是说：栎树
是没有用处的树木，用它造船，太重，船就会沉；用它做棺材，很快就
会腐朽；用它做器具，很快就会毁坏；用它做门窗，会冒出汁液；用它
做柱子，会招虫蛀使房屋不牢固。这种不成材的树木，没有一点用处，
但也正是因为"无用"，它才得以长寿。

---

[1] 值得注意的是，"无用之用"这个概念本身就包容着深刻的矛盾：既是"无用"却又可用，
也就是虽不能够满足人们的某种物质需要，但还有价值。这个概念的矛盾不是庄子价值论的荒
谬，恰好相反，正反映了庄子价值论的卓异之处，详后。

　　本来，庄子通过桂、漆、楸、柏、桑等树因为"有用"而多中道天折，不能尽天年，而栎树因为"无用"倒免遭斧斤之害而得以长寿的例

有用之树常常遭到砍伐和刀割难以"尽天年"。

证，意在说明做人要远离现实，不为世所用才得以远害全生。从人生哲学的角度看，显然，庄子的这个思想观点是十分荒谬的。但如果换一个角度，从人与自然关系的角度看，庄子实际上提出了一个十分尖锐的重要问题：

　　对人来说"有用"、"无用"，也就是有无价值，与从物的角度看的被砍伐与不被砍伐，也就是能否尽天年得长寿，彼此之间恰好背离。正是这个背离，凸显着人类的生存和发展总要以损害和牺牲环境为代价，从而把人类生存和发展与环境之间的矛盾以令人警醒的方式揭示出来：人类生存的基本矛盾不可回避，只要人类生存一天，这个矛盾就会

存在一天。

这说明，庄子在两千多年前就已经朦胧地意识到人类在20世纪中期以后才开始注意到的一个基本事实和真理——人类文明的发展是以牺牲环境为代价的。庄子的时代，人类生存、发展与环境之间的矛盾还只是处于前萌芽状态，远远没有凸显出来。就是说，人类的生存和发展虽然也对环境造成了某些损害和破坏，但其严重程度根本无法与今天相比。在这样的时代条件下，庄子即敏锐地提出了这样的问题，突出反映了他的思想的超前性和深刻性。

庄子以后至今的两千多年，特别是工业化的近一二百年，环境遭到空前的破坏和劫难，很多地区生态退化，资源枯竭，大规模的自然灾害不断地为人敲起了警钟。这时，回过头来，再看庄子提出的人与自然之间在价值上的背离及其所体现的人类生存所面临的基本矛盾，分外使人警醒：如何在人类生存、发展与自然物得以尽天年之间，就是说在人类文明发展与生态恢复之间找到一个平衡点，已经成为一个具有深远历史意义的重大时代问题。

（三） 如何利用"有用之用"

——庄子的生态智慧之一

人类中心主义从人是自然至高无上的主人出发，强调人对自然的绝对占有和支配权力，所以，对它来说并不存在什么人类生存的基本矛盾问题，因而也根本不会考虑什么环境的承受能力，由此而导致了近代以来对于自然的野蛮征服、贪婪掠夺和任意挥霍。

与人类中心主义相反，主张人是自然之子的庄子，又是如何对待和解决人类生存与环境之间矛盾的呢？限于科学技术和认识能力发展水平，庄子未能从理论上阐释这个问题，而是通过具体例证给出了自己的答案。为了解决人类生存的基本矛盾，达到人类生存和发展与生态恢复、环境保护之间的平衡，庄子提出了一系列具体的主张，表现出高超的生态智慧。

如前所说，庄子按能否满足人的需要把自然资源分为"有用之用"和"无用之用"两大类，接着，庄子对"有用之用"的自然资源又做了进一步的分类：

一类自然资源在整体上是无限的，对它们的利用，不以牺牲环境为代价，如日月之光和雨水等等。另一类自然资源是消耗性的资源，利用这类自然资源是以对环境的一定程度的损害为代价的，如桂、漆、楸、柏和桑之类的木材。庄子认为，为了满足主体的物质需要，这两类自然资源当然都可以利用，但如何利用却很有讲究。

首先，庄子主张应当尽量利用不以牺牲环境为代价的自然资源。他在《逍遥游》中明确提出了这一点：

> 日月出矣，而爝火不息，其于光也，不亦难乎！时雨降矣，而犹浸灌，其于泽也，不亦劳乎！

这段话是说：太阳、月亮已经出来了，可是蜡烛还不熄灭，其亮度不是很难显现出来了吗！好雨已经适时普降了，可是还要打水灌溉，润泽禾苗，这岂不是徒劳无功吗！

十分明显，在生产和生活方面，庄子主张尽量利用日月之光和雨水之类的天然能源和资源。这样，同样达到了节省能源、减轻劳动强度的目的，但却不需要采伐和消耗什么，没有对环境造成任何影响。

其次，庄子主张有节制地开发和使用消耗性的自然资源。

庄子认为，消耗性的自然资源，如前面所提到的桂、漆、楸、柏和桑等木材，当然可以采伐使用，但有一个前提：要在使它们"尽天年"

的前提下，也就是在符合自然本性和规律的前提下合理地加以使用。这说明，庄子认为应当对人的欲望和需求加以合理地节制，不能只顾人类的主观需要而过度消耗资源，这样，才能避免灾难性的后果。否则，如前面提到的那种把刚刚一两握粗的树木（未能终其天年）砍伐来拴猴子之类的行为，人的欲望虽得到了满足，但却加剧了人类生存的基本矛盾。

在生产和生活中尽量利用天然能源和资源。

对比庄子关于这两类资源的不同主张，可以看出庄子对于以损害和牺牲环境为代价的自然资源的利用，加了一个尽天年的前提；而对于不以牺牲环境为代价的自然资源的利用，庄子没有设立任何前提，这充分说明，庄子是提倡和鼓励利用这类自然资源的。

正是从这样的认识出发，庄子在叙述那种把未成材（即未能终其天年）的树木砍伐来拴猴子之类的行为之后，特别写道："此材之患也！"这是对于只顾人类需要而违反自然本性和规律，使自然物"中道之夭于斧斤"的滥采滥伐所发出的语重心长的警告。这说明，庄子不但深刻揭示了关于人类生存的基本矛盾，而且充分注意到这一矛盾的严重性：如不正确解决这个矛盾必将威胁到人类的生存，因为"材之患"实际就是人类赖以生存的环境之患和生态之患，归根到底也是人类的自身之患！

总而言之，庄子认为，按照上述两条原则利用自然资源，既能满足人类生存的需要，又可以使自然物"终其天年"，从而达到二者之间的平衡，这样就能解决人类生存的基本矛盾，使人类摆脱生存困境。

（四） 如何利用"无用之用"

——庄子的生态智慧之二

解决人类所必须面对的基本生存矛盾，除了上一节所说的正确利用"有用之用"外，庄子还提出了另一个主张：巧妙地利用"无用之用"。

庄子对于"无用之用"的主张也很明确：那就是变"无用之用"为"有用之用"，也就是现在我们所说的"变废为宝"。

首先说对于"无用之用"栎树的利用：

前面说过，由于材质的原因，用栎树做船、棺材、器具、门窗和柱子，都不行，但庄子认为用它作社树却是可以的。那么，社树究竟是什么，使"无用之用"的栎树能够派上了用场？

按古代的宗教观念，社树是一种具有神圣宗教观念意义的神树，常常被作为社的象征。所谓社，本是掌管土地之神。在我国古代，不同地域、不同等级，上至王室、诸侯，下至普通乡里，全国各地都有社。最小的社是里社，所谓"古者二十五家为里，里各有社"①。一般说来，人们所祭之社都是自己土地上的社，而不祭非自己乡里的社。社除了指社神之外，人们还把祭祀社神之地也称为社。社树即被植于社的土地上，并成为社的象征，因而与社也就不可分地联系在一起。在长期的宗教活动中，作为掌管土地之神的社的神圣意义也就被赋予了社树，社树因而也变得神圣起来，具有了一般树木所不具备的神圣宗教意义。②

把这样一种做什么也不行，无所可用的栎树，用来充当仅仅供祭祀和观赏的社树，在当时的历史条件下，应当说确实是使"无用"变成了"有用"，为它派上了最合适的用场。

要知道，当时各个诸侯国大大小小的社不计其数，有社必用树，所需树木的总量相当可观，而且原来一般所用的都是优质树木，所谓"大社惟松，东社惟柏，南社惟梓，西社惟栗，北社惟槐"③。用松、柏、梓、栗、槐充当社树，把本来可以制作各种器物和工具的重要资源却用来充当仅仅具有象征意义的摆设，实际是变"有用之用"为"无用之用"，是一种资源的严重浪费。相反，如果改变传统的习惯和做法，采用庄子的主张，所有的社都用栎树做社树，那将节省下多少有用之材！

再说对"无用之用"的大瓠即大葫芦的利用。《逍遥游》：

惠子谓庄子曰："魏王贻我大瓠（hù）之种，我树之成而实五石，以盛水浆，其坚不能自举也；剖之以为瓢，则瓠落无所容。非不呺（xiāo）然大也，吾为其无用而掊（pǒu）之。"庄子曰："夫子固拙于用大矣……今子有五石之瓠，何不虑以为大樽而浮乎江湖，而忧其瓠落无所容？则夫子犹有蓬之心也夫！"

① 《史记·孔子世家·索隐》，中华书局，1982年，第1932页。
② 详赵沛霖《兴的源起——历史积淀与诗歌艺术》，中国社会科学出版社，1987年，第一章第三节。
③ 《初学记》卷十三引《尚书·无逸》。

这是庄子与惠子就一个特大瓠能否加以利用的一段对话。

惠子对庄子说："魏王赠我一粒大葫芦的种子，我种下这粒种子，长大以后结出的葫芦非常大，能容下五石之多。用它盛水，其坚固程度经受不住；剖开做瓢，它舀的水太多，没有容器可盛下。这葫芦真是够大了，但大得没有用处，我就把它砸碎了。"庄子回答说："您真是不善于使用大家伙了……现在您有能容下五石的大葫芦，为什么不把它挖空做成'腰舟'（相当于现代的救生圈）在江湖上游荡，反而为它太大无处可容而忧愁呢？可以看出您的心还是没有开窍啊！"

对于同一个特大葫芦是否有用，惠子和庄子持有完全相反的认识：惠子认为根本没用，而庄子则相反，认为完全有用。惠子断言这个特大葫芦没用，是因为他要用它盛水和做瓢舀水，而这两个用途都不能实现：前者即用它盛水，不符合它的特点（葫芦脆弱的料质不能承受五石水的压力），以至"其坚不能自举"。后者即做瓢舀水，由于缺乏相应的条件（"瓢落无所容"）也只能作罢。而庄子则不同，对这个不能直接加以利用的大葫芦，进行了适当的加工改造，把它挖空做成用于在江湖上游荡的"腰舟"，这样既符合它的性质和特点，又不缺乏有关的必要条件，故能将它派上用场。

可以看出，庄子把不能直接利用的自然物，通过加工改造使之具有了经济价值①，由此把"无用之用"变成了"有用之用"。

总而言之，通过栎树充当社树和大葫芦做腰舟的故事，庄子阐释了他的关于变"无用之用"为"有用之用"的观点：

自然资源价值的实现，不完全是自为的，而需要主体的创造性实践活动的介入：认识它的性质、特点，根据客观规律对它进行积极的改造，"无用之用"就能转化为"有用之用"。这就是说，自然万物都可以说是"有用之用"，而根本没有绝对的"无用之用"；"无用之用"

---

① 什么是经济价值及其与自然价值的区别，详见本章开头。

的暂时存在，只是说明人们还没有真正把握它。

通过创造性的实践就可以把"无用之用"变成"有用之用"。

对于上述观点，限于时代条件和认识发展水平，庄子未能从理论上作出论述，但他的主张包容着这样的观点的萌芽却是没有疑问的。

小结：庄子自然观的现代启示

1972年受联合国人类环境会议秘书长的委托，在吸纳了58个国家的152位关心环境问题的各科权威专家意见的基础上，由美国哥伦比亚大学教授巴巴拉·沃德（Barbara Ward）和洛克菲勒大学教授雷内·杜博斯（Rene Dubos）联合主编的《只有一个地球》用多种文字出版。这本被誉为"对人类环境最完整的报告"[①]很快就在全世界产生了广泛影响，对唤起人类对环境问题的关注起了巨大的推动作用。在它的结尾，作者向全人类发出了发人深省的呼唤：

> 在这个太空中，只有一个地球在独自养育着全部生命体系。地球的整个体系由一个巨大的能量来赋予活力。这种能量通过最精密的调节而供给了人类。尽管地球是不易控制的、捉摸不定的，也是难以预测的，但是它最大限度地滋养着、激发着和丰富着万物。这个地球难道不是我们人世间的宝贵家园吗？难道它不值得我们热爱吗？难道人类的全部才智、勇气和宽容不应当都倾注给它，来使它免于退化和破坏吗？我们难道不明白，只有这样，人类自身才能继续生存下去吗？[②]

[①] 见联合国人类环境会议秘书长夫·斯特朗为该书所写的序言，引文见于原书内容提要。

[②] 巴巴拉·沃德、雷内·杜博斯主编《只有一个地球》，石油化学工业出版社，1976年，第277页。

　　这是人类历史在经历了渔猎文明、农业文明和工业文明之后，开始进入一个新的文明形态——生态文明之际，一些有前瞻性的学者向人类发出的及时而中肯的警告。自那以后，他们的思想观点，特别是关于生态危机、环境保护的观点和主张被越来越多的人接受，并很快成为地球人的共识。[①]与此同时，随着西方环境思潮的出现，人们对环境问题本质的认识也经历了一个疾速变化的过程：从开始把环境问题作为技术问题，到作为经济问题，再到作为政治问题，直到最近作为文化伦理和道德问题，反映了人们对于环境问题的认识越来越深刻。既然环境问题主要是一个文化伦理和道德问题，而不单单是技术、经济和政治问题，所以，人们为了摆脱环境问题的困境，除了采取各种办法和措施之外，还力求从世界各大古老文明，例如基督教文明、伊斯兰文明、印度文明和中国文明中寻求可资借鉴的思想主张。随着生态文明建设提上日程，从中国传统文化宝藏中发掘丰富的生态思想和智慧，受到越来越多的中外人士的重视。近年来，美国就出版了《儒家与生态文明》、《道教与生态文明》和《佛教与生态文明》[②]等书，除此之外，还有很多中外论著也多涉及这个问题。这些都为生态文明建设提供了有益的文化思想的支持。

　　比较而言，在中国古代的哲学家和思想家中，庄子自然观中所蕴含的生态思想和智慧是最具借鉴意义的。毋庸讳言，作为特定时代的思想产物，庄子的自然观既有积极进步的一面，也有消极落后的一面。就其积极进步的一面来看，可以说它体现了时代的进步思想和科学精神，内涵丰富，思想深刻，观点超前，富于生态智慧，是值得珍惜的优秀的传统文化遗产。只要认真发掘，运用现代意识加以阐释，就能为当代的生态文明建设提供重要的启示。

---

① 参阅托夫勒（Alvin Toffler）《第三次浪潮》第二十一章《思想领域的大变动》有关内容，三联书店，1983年，第358~361页。

② 参阅潘岳《中华传统与生态文明》，刊于《经济观察报》2008年12月12日。

春秋战国以来的两千多年间，由于时代、历史的局限和科学技术发展水平的限制，庄子自然观的积极方面是否具有价值和真理性，一直未能得到正确的理解和判定，他的生态思想和生态智慧以及有关的主张等等也一直被冷落，从未被注意过。直到20世纪中期，日益严重的生态危机和环境问题唤醒了人们的环境意识之后，那些被埋藏在历史深层里熠熠生辉的思想才被"发现"。历史的发展和人类在环境问题上所走的弯路，完全证明了庄子生态思想和生态智慧的意义和价值：庄子所提出的问题是人类生存和发展必须面对和解决的问题，因而也是跨越时代、民族和地域的具有人类共同性的重大问题，他的某些思想观点和主张闪烁着东方文明的光辉，蕴含着深切事理的大智慧，具有无可辩驳的正确性、深刻性和超前性。并非偶然的巧合：在我们认识到这一点的时候，历史已经跨入了把生态文明建设作为奋斗目标的新时代。

虽然庄子的思想和智慧与现代人类之间相隔了两千多年，并且彼此之间具有完全不同的文化语境和时代高度，同时在对问题的性质和复杂性的理解方面，也存在着重大的差别，但文明之火一脉相承，漫长的岁月并不能遮蔽问题的实质，也不能割断古今之间思想上的联系。所以，当今天我们站在文明转型的时代高度，为了使人类彻底摆脱生存困境而提出建设生态文明的历史目标时，完全可以从庄子的自然观中获得重要的思想启示：

启示一：关于人在自然中的地位和人与自然关系的问题，庄子完全否定了人类优于自然万物，先天地拥有统治自然的"特权"思想，不但将人类置于与自然万物平等的地位，而且根据自然对于人类"孕育"和"供养"的事实，肯定了人类是自然之子，从而完全打破了"人类中心论"。

如果说极端人类中心主义直接导致了对于自然的野蛮征服和肆意蹂躏的话，那么，庄子关于人是自然之子的思想则必然导致对自然的敬畏、亲近以及有节制地享用自然资源的理性态度。在这样的思想前提

127

下，人类就能从新的历史高度重新审视和确立人与自然的关系，在自然家园中找到自己的恰如其分的位置，为建立人与自然之间"双赢"的合理关系提供必要的思想前提。这必将极大地促进人—经济—社会—环境的协调发展，有利于生态文明建设。

启示二：庄子所揭示的人类生存和发展与环境之间的矛盾及其严重后果，特别是人类的生存和发展对生态自然的损害和破坏，使我们更深刻地认识到解决这一矛盾的迫切性和重要性。要彻底解决这一矛盾，首先应当反思我们长久以来所形成的思维定势：

以前，在很多情况下我们总是就自然对于人类的意义和价值提出问题，也就是围绕着人类提出问题，而不是从自然的角度提出问题，有意无意地表现出极端人类中心主义的立场。现在，既然要彻底摒弃极端人类中心主义，在考虑人类的生存和发展时，除了从人类的角度提出问题之外，还特别应当从另一个角度，即从自然的角度提出问题：人类的生存和发展给自然带来了什么意义和影响？这个问题实际上包括两个方面：一是人类的诞生和存在将什么赋予了自然？一是人类生存和发展给自然带来了什么损害和破坏？

前者是说，人类诞生以后，人类与自然形成了主客观关系，使宇宙自然从潜在的存在变成了现实的存在。在这样的情况下宇宙自然才可能被认识，被把握，但认识和把握自然的并非什么超自然的神祇，而恰恰正是作为自然产物的人。用马克思的话来说就是："自然在听的过程中听到它自己，在嗅的过程中嗅到它自己，在看的过程中看到它自己。所以，人的感性是一个媒介，通过这个媒介，犹如通过一个焦点，自然的种种过程得到反映，燃烧起来形成现象之光。"[1]显然，马克思是把人类作为宇宙自然的自觉意识看待的。有了自觉意识的宇宙自然才是真正的活生生的现实的宇宙自然。

---

[1] 马克思《博士论文》，《马克思恩格斯全集》，人民出版社，1995年，第1卷，第54页。

　　同样，也只有在现实存在的前提下，客观自然对于主体的意义和价值才逐渐呈现出来，并随着人类创造性活动的发展而不断增加和提高，最终形成自然价值、经济价值和审美价值等等诸多价值和意义。自然的意义和价值虽是因人类而产生，但并不意味着人可以按自己的意志而随意决定，这是因为人与自然之间的主客观关系及其发展过程本身就是客观的社会存在，而不是属于任何主观范畴的东西。

　　后者是说，人类的生存和发展总要以牺牲环境为代价，即人类诞生以后给自然带来了巨大的损害和破坏。

　　只有从这样两个角度提出问题，而不是只从人的角度单向思维，才有可能避免重蹈极端人类中心主义的覆辙，从而处理好人与自然的关系：既满足人类生存的需要，又使自然物得以尽天年，也就是既使人类不断得到发展，又使生态环境得到保护和恢复。

　　在这方面特别应当注意的是，随着生产力的发展和科学技术水平的进步，人类活动对生命的践踏和对自然的破坏远远超过了庄子的时代。在这样的历史背景下从自然的角度提出问题，反思人类的生存和发展给自然带来的损害和破坏，尤其应当从庄子所主张的珍惜生命、善待自然的思想和态度中吸取营养，调整人类对于自然的态度：我们再不能片面地只顾人的需求和欲望，而应当充分注意生态环境的承受能力，避免主体行为的过度张扬，牢记恩格斯所总结的历史教训："我们不要过分陶醉于我们人类对自然界的胜利。对于每一次这样的胜利，自然界都对我们进行报复。"[①]同时，严格遵循自然规律，把经济发展与环境保护结合起来，既要对人类负责，又要对自然负责。这样，人类才不愧"自然之子"的地位和称号。

　　启示三：庄子不但十分敏锐地发现了人类生存和发展与环境之间的矛盾，即人类生存所必须面对的基本矛盾，而且提出了如何解决这一矛

---

① 恩格斯《自然辩证法》，人民出版社，1984年，第304～305页。

盾，使二者即"人类生存和发展"与"生态环境的保护和恢复"之间达到平衡的具体主张，如有节制地利用"有用之用"和变"无用之用"为"有用之用"等等。庄子的这些主张表现出极大的生态智慧。这对于今天我们处理生态环境问题，解决人类生存的基本矛盾具有极大的启示。

人类生存的基本矛盾由两个方面构成：一个是人类的生存和发展，一个是生态的恢复和平衡。在这两个方面中，人类的生存问题由于具有现实的迫切性，所以从人类存在的那一天起就受到人们的高度重视和关注，巧妙而有效地解决生存问题所体现的生存智慧因而也比较普遍和常见。生态问题则不然，直至工业文明到来之前，由于环境未曾受到严重破坏，生态也尚未出现大范围的失衡，人类生存和发展与环境之间的矛盾尚未凸显出来，所以生态问题一直被认为不成其为问题，甚至被认为与人类生存状况无关。由于不具备现实的迫切性，所以生态环境问题也就从来不曾引起人们的重视和关注，古今有关生态的智慧因而也十分罕见。但是，在两千多年前，在环境和生态问题尚未显露出来，人类生存基本矛盾尚处于前萌芽状态的时代条件下，为了解决这一矛盾，庄子就提出了既符合科学精神又切实可行的具体主张，充分证明了庄子直射事物本质的彻悟和跨越时代的高超生态智慧。

实践庄子的这些富于生态智慧的思想和主张，既有利于人类的生存和发展，又能使自然物得以尽天年并得到充分和有效的利用，从而达到"人类生存和发展"与"环境保护、生态恢复"之间的平衡。只要正确把握这个平衡点，人类就有可能走出生存困境。

事实上，在经历了多次的生态环境问题方面的教训之后，我们所找到并正在坚持的可持续发展的建设模式，也可以说是在新的时代历史条件下和现代科学的高度上在人类生存、发展与生态恢复、环境保护之间找到的一个最佳平衡点。可持续发展的建设模式不但吸纳了包括庄子生态智慧在内的传统生态智慧，而且超越了传统，达到了新的历史高度。比如发展低碳经济，坚持低碳消费方式，也可以说是在现代意义上对于庄子所说的"有用之用"和"无用之用"的最佳的有效处理方式。如果说庄子所提出的正确对待和处理"有用之用"和"无用之用"的主张可以解决古代的发展问题的话，那么，现在我们所从事的体现着人类全新文明理念的生态文明建设，必将从根本上解决人类生存的基本矛盾，引导人们走上持续、和谐、发展的文明之路，并最终实现以尊重和维护自然为前提，以人与人、人与自然、人与社会和谐共生为宗旨的全新文明的理想社会。

自然没有国界，面对它的是全人类，所以庄子自然观中的积极因素通过现代意识的阐释，会很容易地跨出国界，融汇到人类历史的全球化的时代洪流中。我们相信，在新的历史条件下，随着生态文明建设的深入发展，庄子为我们留下的优秀文化遗产必将成为全人类的共同财富，并焕发出更加灿烂的光辉！因为：

我们已进入了人类进化的全球性阶段，每个人显然地有两个国家，一个是自己的祖国，另一个是地球这个行星。①

让我们在生态文明建设中挑起两副重担：为我们的祖国，为地球这个行星而不懈努力！

① 巴巴拉·沃德、雷内·杜博斯主编《只有一个地球·前言》，第10页。

131

参考文献

［1］郭庆藩.庄子集释［M］.北京：中华书局，1961年.

［2］杨伯峻.列子集释［M］.北京：中华书局，1979年.

［3］十三经注疏［M］.北京：中华书局，1980年.

［4］袁珂.山海经校注［M］.上海：上海古籍出版社，1980年.

［5］洪兴祖.楚辞补注［M］.北京：中华书局，1983年.

［6］陈奇猷.吕氏春秋校释［M］.上海：学林出版社，1984年.

［7］马克思恩格斯选集［M］.北京：人民出版社，1995年.

［8］霍尔巴赫.自然的体系·管士滨，译.北京：商务印书馆，1964年.

［9］恩斯特·海克尔.宇宙之谜［M］.上海外国自然科学哲学著作编译组，译.上海：上海人民出版社，1974年.

［10］巴巴拉·沃德，雷内·杜博斯.只有一个地球.国外公害资料编译组，译.北京：石油化学工业出版社，1976年.

［11］费尔巴哈哲学著作选集.北京：商务印书馆，1984年.

［12］恩斯特·卡西尔.人伦.甘阳，译.上海：上海译文出版社，1985年.

［13］李约瑟.中国古代科学思想史［M］.陈立夫，等，译.南昌：江西人民出版社，1990年.

［14］柯林伍德.自然的观念［M］.吴国盛，等，译.北京：华夏出版社，1991年.

［15］史蒂芬·霍金. 时间简史——从大爆炸到黑洞［M］. 许明贤，等，译. 长沙：湖南科学技术出版社，1996年.

［16］崔大华. 庄学研究［M］. 北京：人民出版社，1992年.

［17］柳树滋. 大自然观——关于绿色道路的哲学思考［M］. 北京：人民出版社，1993年.

［18］吴国盛. 自然哲学：第一辑［M］. 北京：中国社会科学出版社，1994年.

［19］赵敦华. 西方哲学简史［M］. 北京：北京大学出版社，2000年.

［20］余谋昌. 自然价值论［M］. 西安：陕西人民教育出版社，2003年.

［21］冯友兰. 中国哲学简史［M］. 天津：天津社会科学院出版社，2005年.

［22］杨国荣. 庄子的思想世界［M］. 北京：北京大学出版社，2006年.

［23］方勇. 庄子学史［M］. 北京：人民出版社，2008年.

总　跋

《自然国学丛书》第一辑（9种）终于出版了。

《自然国学丛书》于2009年5月正式启动，当即受到众多专家学者的支持。在一年左右的时间内有近百名专家学者商报选题，邮来撰写提纲，并写出40多部书稿。经反复修改，从中挑选9部作为第一辑出版。

在此，我们深深地感谢专家学者的支持和厚爱，没有专家学者的支持，《自然国学丛书》将是"无源之水，无本之木"；深深地感谢"天地生人学术讲座"及其同仁，是讲座孕育了"自然国学"的概念及这套丛书；深深地感谢支持过我们的武衡、卢嘉锡、路甬祥、黄汲清、侯仁之、谭其骧、曾呈奎、陈述彭、马宗晋、贾兰坡、王绶琯、刘东生、丁国瑜、周明镇、吴汝康、胡仁宇、席泽宗等院士，季羡林、张岱年、蔡美彪、谢家泽、罗钰如、李学勤、胡厚宣、张磊、张震寰、辛冠洁、廖克、陈美东等资深教授，没有这些老专家、老学者的支持和鼓励，不会有"天地生人学术讲座"，更不会有"自然国学"的提出及其丛书；深深地感谢深圳出版发行集团公司及其海天出版社，特别是深圳出版发行集团公司原总经理兼海天出版社原社长陈锦涛，深圳出版发行集团公司现总经理兼海天出版社现社长尹昌龙，海天出版社总编辑毛世屏和全体责任编辑，他们使我们出版《自然国学丛书》的多年"梦想"变为了现实；也深深地感谢无私地为《自然国学丛书》及其出版工作做了大量具体工作的崔娟娟、魏雪涛、孙华。

当前，"自然国学"还是一棵稚苗。现在有了好的社会土壤，为它的苗壮成长创造了最根本的条件，但它还需要人们加以扶植，予以浇

水、施肥，把它培育成为国学中一簇新花，成为发扬和光大中国传统学术文化的一个新增长极。"自然国学"的复兴必将为中国特色的社会主义新文化、中国特色的科学技术现代化作出应有的贡献。

《自然国学丛书》主编

2011. 12